1r ESO

Religió

Germans de les Escoles Cristianes. Equip de Pastoral La Salle Catalunya.

Coordinació: Francesc Closa

BARCANOVA EDITORIAL

Índex

COM S'ESTRUCTURA UNA UNITAT

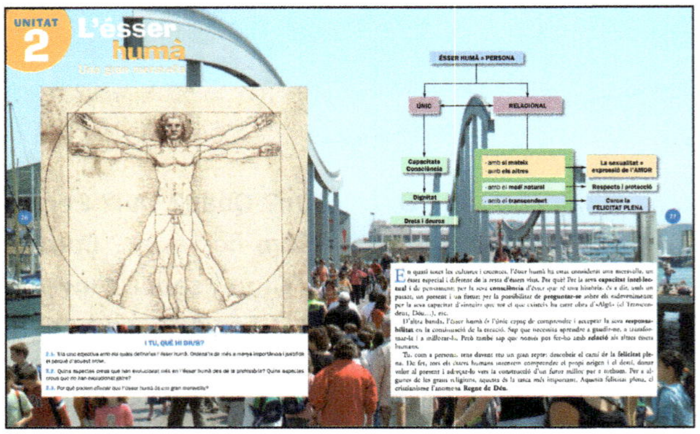

Presentació

En les dues primeres pàgines hi ha:

- El **número**, el **títol** i el **subtítol** de cada unitat formulat de manera que t'interpel·la i et convida a buscar la resposta al llarg de la unitat, cosa que afavoreix el diàleg i l'interès d'aprendre.
- Una **imatge representativa** del contingut principal que es desenvoluparà al llarg de la unitat.
- Un apartat titulat «**I tu, què hi dius?**» en què podràs expressar la teva opinió i els teus coneixements sobre els continguts que es treballaran al llarg de la unitat.
- Una altra pàgina que recull, mitjançant un **mapa conceptual**, la interrelació de tots els conceptes que es treballen i que presenta, de forma global i entenedora, els **objectius** i els **continguts** de la unitat.

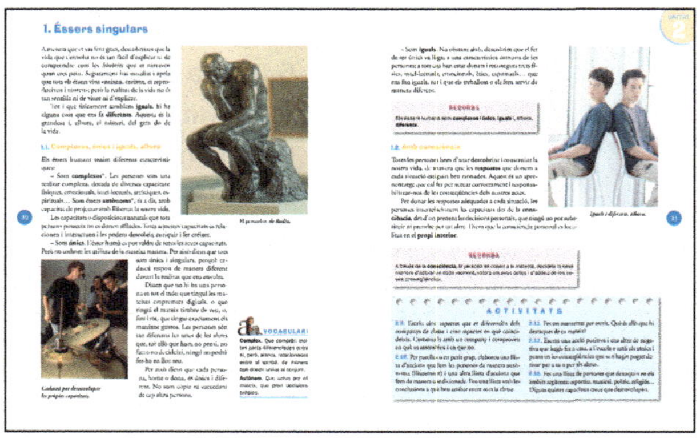

Contingut

Al llarg de les pàgines següents es desenvolupen els diferents **conceptes** i es proposen les **activitats** del tema. Hi trobaràs conceptes doctrinals, bíblics i culturals. L'explicació dels principals conceptes està destacada amb un fons de color; els termes complexos apareixen definits en un requadre (**vocabulari**), i al final de cada apartat o subapartat hi ha una sèrie d'activitats de diferents tipus: individuals o col·lectives; orals o escrites; de comprensió, d'investigació; d'ampliació i de reforç; vinculades amb les TIC, etc. Totes les pàgines estan il·lustrades amb **fotografies** o **dibuixos** representatius del contingut de la unitat i en algunes hi ha esquemes, taules, etc., per facilitar-ne la comprensió.

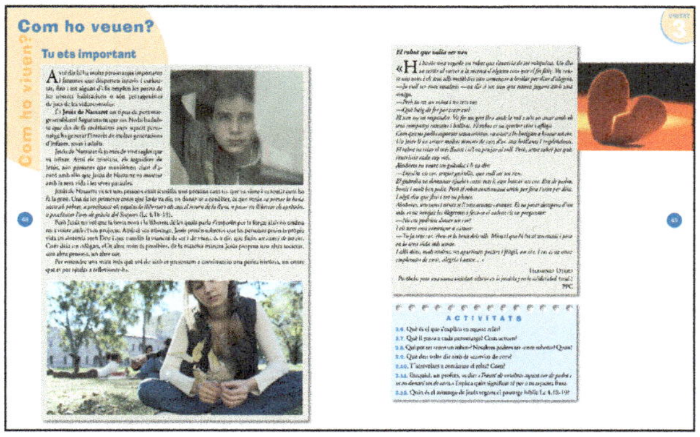
Com ho veuen?
Tu ets important

Com ho veuen? Com ho viuen?

En aquestes dues pàgines hi trobaràs **textos bíblics**, **poemes**, **reflexions**... que t'ajudaran a introduir-te en el contingut que es treballarà al llarg de la unitat. Són textos escrits per persones que han viscut o han experimentat realitats semblants o properes al contingut i que s'hi han posicionat o han pres una actitud determinada davant cada una de les situacions presentades.

Un pas més

Aquesta pàgina inclou **textos** i/o **imatges** vinculats amb aspectes treballats al llarg de la unitat. Alguns et serviran de complement a l'hora d'assimilar els continguts; altres són referents que et poden ajudar a comprendre millor el tema, i encara altres et convidaran a la reflexió, a l'expressió o a la celebració. De ben segur que el professor o la professora t'ajudarà a l'hora d'interpretar-los i treballar-los.

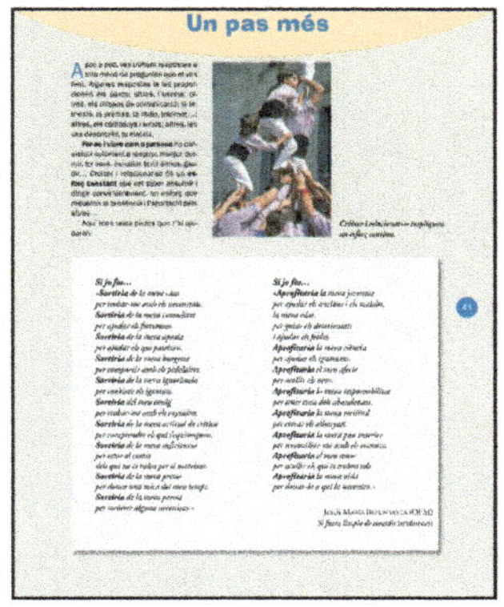
Un pas més

Síntesi de la unitat

Aquesta pàgina recull, d'una manera sintètica, els **principals conceptes** que s'han treballat al llarg de la unitat, presentats segons l'ordre en què han anat apareixent. Aquests conceptes configuren el que cal saber i el que hauràs d'**assimilar** en el procés d'aprenentatge i t'ajudaran a preparar l'avaluació de la unitat.

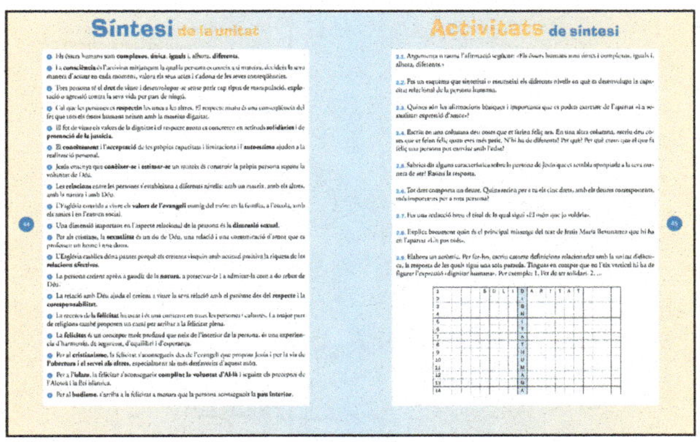
Síntesi de la unitat
Activitats de síntesi

Activitats de síntesi

La darrera pàgina de la unitat conté **activitats** relacionades amb els continguts que s'han desenvolupat al llarg de tota la unitat. Aquestes activitats pretenen **ajudar-te** en el procés de síntesi que has de fer i **facilitar-te** la comprensió dels continguts.

UNITAT 1

El fenomen religiós

Hi ha alguna cosa més enllà?

I TU, QUÈ HI DIUS?

1.1. Coneixes alguna de les respostes que donen les religions a l'origen de la vida?

1.2. Sabries expressar breument de quina manera presenta el cristianisme el tema de la vida i el més enllà?

1.3. Per què creus que hi ha persones per a qui la religió és una part important de la seva vida?

1.4. Saps què és un ritu funerari?

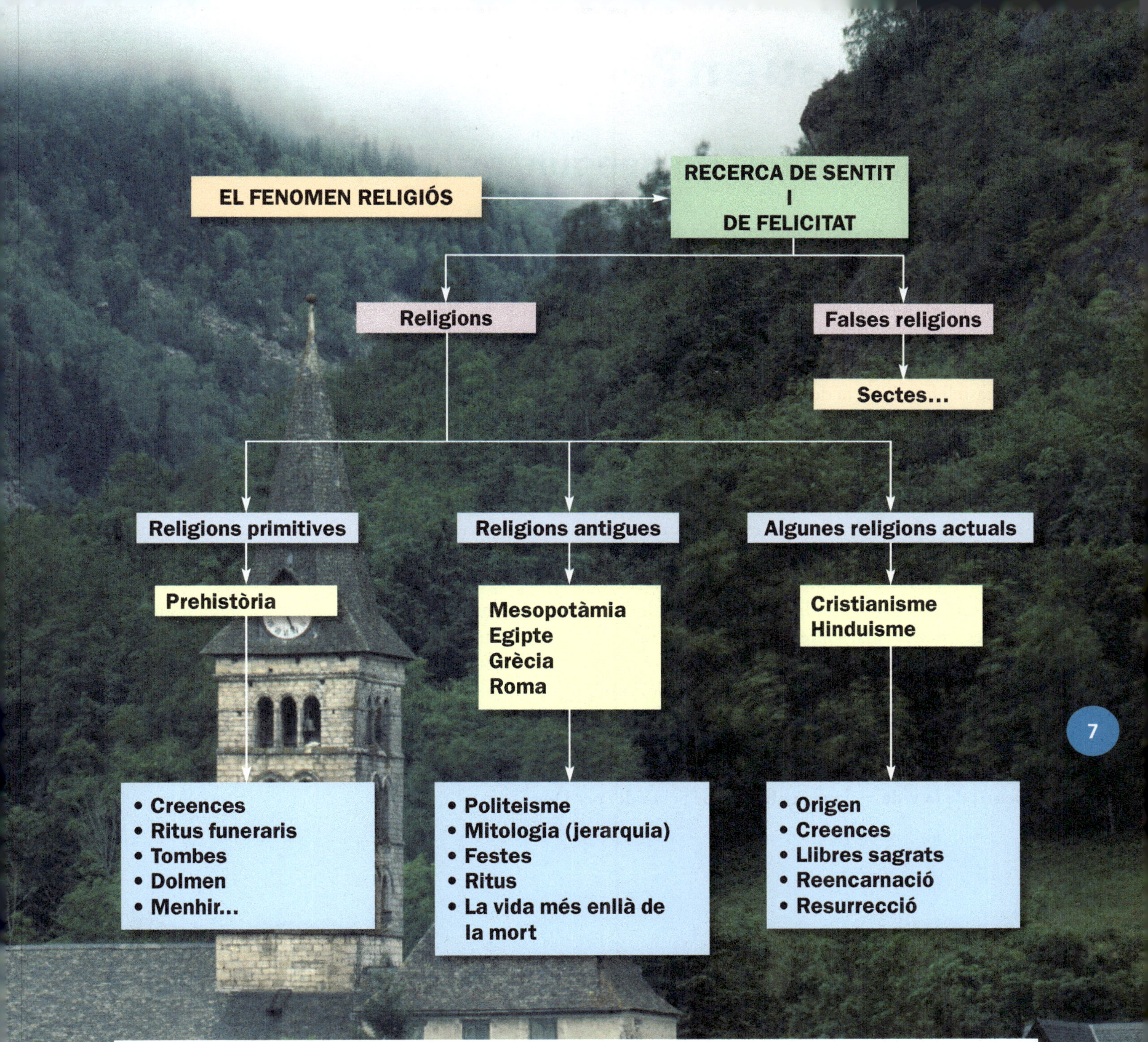

La vida l'entenem com un valor suprem.

Les persones sabem que no som infinites, que hi ha coses misterioses. Hi ha un misteri que, des de l'home de la prehistòria fins als nostres dies, ha preocupat totes les persones de tots els temps i llocs: el **misteri de la mort**, el **més enllà**...

Les religions han parlat de l'existència de l'home. Des de sempre, l'home ha intentat donar una resposta, des de la religió, als dubtes i les esperances sobre l'existència de Déu, la vida, la mort i el més enllà.

En aquesta unitat veurem com les religions han cercat respostes a tots aquests aspectes esmentats, ja sigui a través de la creença en un o diversos éssers divins sobrenaturals o espirituals, ja sigui a través d'unes pràctiques, uns ritus i uns codis morals o ètics.

Com ho veuen?

La vida, un camí de preguntes i respostes

Les persones ens hem preguntat des de sempre per l'origen del món i pel sentit de la vida, hem buscat la felicitat i tenim inquietuds per saber què hi ha en el més enllà.
Nosaltres podem experimentar que som feliços de moltes maneres: quan a l'escola fem un bon treball, quan en un partit fem bones jugades, quan xerrem amb els amics i les amigues, quan ajudem les persones en alguna tasca comuna o solidària...; en definitiva, quan les coses les fem bé i ens surten bé.

Però també sabem que hi ha moments en els quals la nostra felicitat s'ensorra de cop i volta, com si fos un castell fet a la sorra de la platja... Quan algú ens enganya, quan les coses no ens surten bé, quan passem un mal moment, quan tenim un problema, quan algú que estimàvem ens ha fet una mala passada, quan les notes no són bones..., aleshores tot ho veiem més negre. Llavors ens preguntem per què tenim tanta mala sort o per què ho passem tan malament.

I, fins i tot, de ben segur que ens hem preguntat algun cop **què és això de la vida o per què les persones han de morir**. Tot això ens ho plantegem davant una situació familiar difícil, davant una situació personal complicada, davant una catàstrofe natural...

Sovint les respostes que ens donen els grans a les nostres preguntes no ens acaben de convèncer. Llavors, a mesura que anem ampliant els nostres camps de coneixement, continuem buscant respostes a les preguntes sobre la vida, sobre el món, sobre el més enllà, sobre Déu... Les religions intenten donar resposta a aquestes qüestions.

Però la idea de **Déu**, de la vida, de la mort i de les religions ha anat canviant al llarg del temps. A mesura que l'home ha anat evolucionant en el coneixement de les coses que l'envolten i d'ell mateix, també ha anat evolucionant en el coneixement del més enllà i en la relació amb Déu.

Tot i que les religions són molt diferents, moltes coincideixen en un aspecte comú: preguntar-se pel **sentit de la vida**, pel **més enllà**, pel **bé** i el **mal**, i per **Déu**.

El conte de la vida

«En Mohamed i la Berta són dos amics. Avui estan molt contents perquè faran una cosa molt important per a ells. Plantaran un esqueix de pomera al parc i a partir d'aquest moment seran els responsables de cuidar-lo. El porten amb molt de compte; és el seu tresor. El planten, el reguen i el miren força estona. Han tingut una bona idea.

Cada dia, tots dos junts, van a veure el seu arbret. Hi seuen al costat i l'observen, parlen, riuen, juguen, pensen, li treuen les fulles seques i veuen com a poc a poc va creixent. [...]

Ha passat el temps i l'arbre ja és una gran pomera. La Berta i en Mohamed, però, encara van a passar una estona cada dia al seu costat i sempre descobreixen alguna cosa nova.

—Mira, ja arriba la tardor. Les fulles canvien de color.

—Veus aquell pardal, en aquella branca?

—I aquest niu, de quin ocell deu ser?

—Aquest any sí que ha fet pomes!

—El cistell ja és ple. A casa estaran contents [...].

Avui plou molt. [...]. Llamps i trons i pedregada. En Mohamed i la Berta esperen que pari de ploure per anar corrents a veure la seva pomera. Quan hi arriben veuen que un llamp l'ha tocada i l'ha partida en dos. Només queda una gran soca. L'arbre s'ha mort [...]. S'han quedat sense tresor. És un dia molt trist per a ells.

L'endemà, potser per costum, o potser perquè troben a faltar la seva pomera, van com sempre al lloc on és i seuen sobre el tronc. Recorden les coses que els han passat al seu costat, les estones que s'hi han divertit, les que estaven preocupats...

Al cap d'un temps, quan tornen a seure a la soca...

—Mira, l'arbre no s'ha mort del tot. Té unes fulles verdes.

—És un esqueix, però no en té un, sinó tres.

—I si provem de plantar-los, creus que creixeran?

La Berta i en Mohamed estan molt contents. Tornen a tenir el seu tresor.»

Revista *Dialogal*, núm. 11, tardor 2004 (adaptació)

ACTIVITATS

1.5. Què vol dir per a tu ser feliç?

1.6. Escriu una definició del terme *religió*.

1.7. Quines persones del teu voltant t'ajuden a viure?

1.8. Quines coses necessites per adonar-te que creixes?

1. Una visió de la vida i del món: les religions

Quan parlem dels inicis de la civilització humana, generalment pensem en civilitzacions de les quals coneixem alguna cosa gràcies a algun tipus de document escrit o construcció arquitectònica; però la humanitat habitava la Terra molt abans que els documents escrits i les construccions fossin una realitat.

Els estudis de les primeres civilitzacions ens han ajudat a conèixer que tan antic com l'existència de l'home a la Terra és el **fenomen de les religions**.

De ben segur que, d'una manera o altra, has tingut algun contacte amb la religió, potser d'una forma directa, o a través de referències familiars, o gràcies al fet d'haver viscut determinades situacions socials, o perquè ets creient o perquè n'has sentit a parlar. Això fa que la paraula *religió* ens resulti relativament coneguda. Tanmateix, però, pot ser un fenomen força estrany o desconegut per a tu. Sigui com sigui, la major part de les religions incideixen en la manera com les persones **veuen el món** i en la manera de **relacionar-se**, tant col·lectivament com individualment, amb els altres i amb l'entorn.

Les investigacions del passat ens ajuden a conèixer més bé el fenomen de la religió.

Tota religió consta dels elements següents:

– **Creences**: les doctrines, els éssers espirituals a la terra i al cel...

– **Ritus**: les festes religioses, els cants, les tradicions, les pràctiques privades o comunitàries, les devocions...

– **Ètica**: els valors, la moral de la religió, les virtuts, els comportaments i les actituds, els ensenyaments...

– **«Elements» sagrats**: elements que donen forma i contingut a la religió, els textos sagrats, les persones sagrades, els llocs sagrats i de culte...

– **Decàlegs**: codis i descripcions de comportaments...

En moltes religions la muntanya ha esdevingut un element sagrat.

RECORDA

Tota **religió** consta d'unes creences, uns ritus, una ètica, uns «elements» sagrats i uns decàlegs.

1.1. No tot són religions

Hi ha grups de persones que semblen representar religions, però que, en realitat, són falses religions i no es poden considerar com a tals, tot i que tenen també ritus, textos i llocs de culte. Aquests grups són les **sectes***.

Per què aquests grups no són una religió? D'entrada neguen la llibertat dels seus seguidors, els manipulen i, fins i tot, de vegades, els poden arribar a mantenir pràcticament segrestats. Podem afirmar que, mentre que les religions tenen *seguidors*, les sectes tenen *víctimes**.

Algunes de les característiques que tenen aquests grups són:

— *Impedeixen als seus membres el contacte amb les seves famílies.*
— *Fan sessions nocturnes i impedeixen que els seus membres puguin dormir.*
— *Amenacen tots aquells que hi estan en desacord.*
— *Exigeixen sovint la donació de tots els béns.*
— *Utilitzen els seus membres per demanar almoina.*
— *Amaguen la seva veritable identitat en algunes de les seves activitats.*
— *No toleren opinions contràries en el seu àmbit.*
— *Els seus dirigents es queden amb els diners recollits.*
— *Sovint cerquen persones solitàries o confuses i els fan veure que en el seu grup seran estimades.*

THOMAS HARTMAN I MARC GELLMAN
Las religiones del mundo para dummies (traducció)
Granica

VOCABULARI

Secta. Paraula que té connotacions negatives, perquè inclou la idea de manipulació i de control mental, la submissió a un líder, l'adoctrinament, la intolerància i, sobretot, l'extorsió de diners per part del líder.

Víctima. Persona que pateix algun dany o que sacrifica la seva vida per algú o alguna cosa.

Fertilitat. Qualitat de fèrtil, que és capaç de reproduir-se.

Funerari. Vinculat amb l'enterrament d'un difunt, amb el conjunt de ritus que es practiquen amb motiu de la mort d'un membre de la comunitat.

1.2. L'origen: la prehistòria

Durant la **prehistòria** la humanitat va fer un gran esforç per aprendre i descobrir coses: va aprendre a polir pedres, a fondre metalls, a confeccionar eines..., va descobrir el foc, va inventar la roda, es va dedicar a l'agricultura i la ramaderia; també va buscar respostes davant el misteri que significava la vida. Així, molt aviat, es va començar a retre culte a l'anomenada **deessa mare**, signe de fertilitat* i de vida.

Per això, tot allò relacionat amb la vida i la mort va fer que els actes funeraris * tinguessin un paper molt important en la cultura i les creences de l'home primitiu.

Durant la prehistòria l'home va fer un gran exercici d'aprenentatge.

Rara és la tomba, per exemple, on no apareix un **parament funerari**: eines, menjar, estris... L'home primitiu entén que després de la mort, en el **més enllà**, el difunt tindrà les mateixes necessitats que tenia mentre ha viscut. Això fa pensar que en aquesta època hi havia la creença d'una altra vida després de la mort.

Dolmen *significa «taula de pedra».*

Un altre ritu propi de l'època consistia en la **incineració** o cremació. Aquest ritu anava unit al convenciment que amb la incineració es facilitava l'alliberament de l'ànima vers la immortalitat. Les cendres eren recollides i introduïdes en gerres que es col·locaven a l'interior d'un forat fet a terra.

Les tombes es construïen sobre munts de terra o pedres (**túmuls**) els límits dels quals es marcaven, de vegades, amb un cercle de pedres aixecades (**cromlec**). Els objectes del parament es col·locaven entre el túmul i al costat dels cossos enterrats.

Altres construccions megalítiques (fetes amb pedres grosses) d'aquest període històric són:

– El **dolmen**, que és semblant a una gran taula feta de pedra. Aquest mot vol dir justament «taula de pedra». Un dolmen consisteix en dues pedres verticals al damunt de les quals n'hi ha una d'horitzontal.

– El **menhir**, que és un monument de pedra, vertical, d'una sola peça.

Menhir *significa «pedra llarga».*

ACTIVITATS

1.9. Per què no tot són religions? Què són les falses religions? Estableix quatre diferències entre una religió i una falsa religió.

1.10. Investiga si a Catalunya hi ha monuments funeraris prehistòrics, com s'anomenen i on són. Després, tria'n un i presenta'l: nom, situació, funció... Si pots, acompanya la teva explicació amb alguna fotografia o dibuix del monument.

1.11. Segurament moltes vegades has sentit la paraula *menhir*. Busca el significat d'aquesta paraula i investiga quines funcions s'atribueixen a aquesta construcció.

2. Les primeres religions: l'edat antiga

Durant l'**edat antiga**, les civilitzacions mesopotàmica, egípcia, grega i romana van venerar un gran nombre de divinitats. Algunes divinitats van pertànyer a més d'una civilització, amb diferents noms, com és el cas de la grega i la romana.

Aquestes civilitzacions explicaven tot allò que no entenien mitjançant la **mitologia***. Parlem de pobles que majoritàriament eren **politeistes***, és a dir, que creien en l'existència de diversos déus. Aquests **déus** tenien el poder de dirigir el món, eren adorats per tots els humans i controlaven tot el que feien. Així, creien que la caça, la verema, les decisions de govern, la vida o la mort, tot era sotmès al criteri d'aquestes divinitats i, gràcies al seu poder i benvolença, mantenien l'esplendor d'aquelles civilitzacions. Aquests pobles consideraven que els seus governants, el faraó, l'emperador o el rei eren déus o semidéus.

Les antigues civilitzacions veneraven un gran nombre de divinitats.

Els centres de culte eren els **temples**. La grandiositat de l'edifici mostrava la importància de la divinitat que s'hi adorava. En aquests llocs s'oferien **ofrenes**, com ara objectes, diners, animals, collites i, fins i tot, vides humanes, per mitjà de les quals pretenien guanyar-se la protecció dels déus. Els **sacerdots** eren els encarregats de fer d'intermediaris entre les divinitats i els humans, de comunicar el món dels déus amb el món dels humans.

RECORDA

El **sacerdot** era una persona que feia d'intermediari autoritzat per oferir **ofrenes** i sacrificis a la divinitat i presidir els actes de culte al **temple**.

ACTIVITATS

1.12. Què s'entén per mitologia? Busca'n informació i fes-ne un breu resum.

1.13. Com eren els rituals d'algunes de les religions de l'edat antiga?

1.14. Què vol dir que una religió és politeista? Coneixes alguna religió en l'actualitat que sigui politeista? Quina? On la situaries geogràficament?

1.15. Comenta aquesta frase: «Els sacerdots eren els encarregats de fer d'intermediaris entre les divinitats i els humans.»

VOCABULARI

Mitologia. Conjunt de mites o llegendes que narren la vida i les gestes de divinitats antigues.

Politeista. Que reconeix l'existència de molts déus que són adorats de diverses formes.

2.1. El fenomen religiós a Mesopotàmia

Tauleta d'argila mesopotàmica.

Les dades sobre les religions mesopotàmiques provenen de tauletes d'argila trobades en ruïnes d'algunes ciutats antigues com Babilònia i Ur, de grans biblioteques i de restes arqueològiques (gots pintats, gerres de terrissa).

En un **primer període**, els **mesopotamis** van començar a practicar el culte a les forces de la natura, que eren considerades divinitats de la fertilitat: el cel, la terra, l'aire, les aigües, la Lluna i el Sol.

Més endavant, en un **segon període**, els déus es representaven en **forma humana**; les seves funcions es diferenciaven i es definien clarament, sense que cap divinitat dominés l'altra.

El **tercer període** correspon al desenvolupament d'una religió que es viu des d'una relació més personal —s'introdueixen els conceptes de *pecat* i de *perdó*— i que inclou una **jerarquia estructurada** de les diverses divinitats, presidida per un déu dominant.

Els temples, els **ziggurats**, van ser el centre de la vida econòmica, política i cultural d'aquests pobles. Solien estar dedicats al Sol o a la Lluna i tenien forma de torre esglaonada amb un santuari a la part més alta, a la qual s'accedia per mitjà de rampes. En l'època de les ciutats estat, el governant era l'encarregat de tenir cura del temple del déu i la seva dona era l'encarregada de la deessa local. En els períodes en què aquestes ciutats establien aliances i formaven regnats, el rei supervisava tots els temples.

Per als **mesopotamis**:

— L'**home era un mitjà** que garantia la supervivència dels déus.

— El **destí dels homes** era servir els déus i els temples dedicats al seu culte.

Estela amb el Codi d'Hammurabi gravat.

RECORDA

El fenomen religiós a **Mesopotàmia** passa per tres períodes:
- **Primer període**: culte a les forces de la natura.
- **Segon període**: representació humana de les divinitats.
- **Tercer període**: jerarquia de les diverses divinitats.

ACTIVITATS

1.16. Busca el significat de l'expressió *divinitats de la fertilitat*.

1.17. Quins tres períodes es poden diferenciar en la religió mesopotàmica?

2.2. El fenomen religiós a Egipte

Egipte va divinitzar les forces de la natura i també elements de l'Univers. Hi havia molts déus representats de formes ben diverses. La religió a Egipte era, per tant, **politeista**. Al començament, la religió a Egipte era molt local, és a dir, que existia un déu a cada poble i un déu provincial.

Més tard, els déus van adoptar **forma humana**, i alguns conservaven alguna forma animal del seu origen. Per exemple, el xacal, que sempre era al voltant dels enterraments, va ser considerat com un déu protector dels cementiris; el falcó va ser divinitzat per la seva capacitat de vol. I així molts d'altres, com el gat, l'escarabat, l'esparver, el bou, etc.

El **faraó** era el representant de la màxima divinitat a la terra. Amb el temps, es va divinitzar la seva persona, que és com dir que se'l considerava un déu.

Els egipcis creien en la vida **més enllà** de la mort. Per això, tenien cura d'enterrar els morts amb els estris que havien fet servir en vida.

Les primeres tombes eren construccions molt senzilles, rectangulars i de poca alçada anomenades **mastabes***. La superposició de mastabes va originar la **piràmide***. La por que les tombes fossin saquejades va fer que els faraons fossin enterrats sota terra, en el que s'anomenaven **hipogeus***.

L'origen de les **mòmies** a Egipte es deu a la creença religiosa segons la qual, per accedir a la vida en el més enllà, era imprescindible la conservació del cos terrenal. Això explica l'interès de la conservació dels cossos després de morir.

La religió a Egipte retia culte als morts.

RECORDA

A **Egipte** la religió era **politeista** i es creia en la vida **més enllà** de la mort.

ACTIVITATS

1.18. Busca tres animals divinitzats pels egipcis i explica per què ho van ser.

1.19. Quina era la creença principal sobre la vida i la mort dels egipcis?

1.20. Quin paper tenia el faraó en la religió egípcia?

1.21. Què eren les mòmies? Com era el procés de momificació?

1.22. Busca en enciclopèdies i a Internet més informació sobre les religions mesopotàmica i egípcia i estableix quines semblances i quines diferències les caracteritzen.

VOCABULARI

Mastaba. Antiga tomba egípcia que solia constar d'una cambra funerària, un sarcòfag i una cambra per a les ofrenes o capella.

Piràmide. Monument en forma piramidal utilitzat antigament pels egipcis com a sepulcre.

Hipogeu. Construcció subterrània especialment destinada a servir de sepulcre.

2.3. El fenomen religiós a Grècia

Els grecs eren també **politeistes** i tenien una divinitat per a cada cosa: déus per a la música, la poesia, la guerra... Els déus grecs s'assemblaven físicament als éssers humans (**antropomòrfics**), es consideraven **immortals** i manifestaven sentiments propis de la persona.

Els grecs creien que els déus havien escollit el **mont Olimp** com a lloc de residència, on formaven una societat organitzada, lliure i amb poder per controlar el cel, el mar i la terra.

La religió grega tenia moltes divinitats sorgides de mites o narracions de personatges extraordinaris (déus o éssers sobrehumans). Aquests mites servien per explicar l'origen i les característiques de la cultura grega.

Altres trets d'aquesta religió estan relacionats amb els *ritus* i el *temple*.

Ritus

– Els sacerdots i les sacerdotesses duien a terme els **rituals** de culte i feien els **sacrificis** d'animals i la donació de productes del camp al temple.

– Era un deure **enterrar** els morts amb el seu parament personal. Les ànimes dels qui no eren enterrats i dels delinqüents estaven condemnades a vagar.

– També existien procediments d'**incineració**.

Temple

– Era el lloc sagrat destinat al **culte de les divinitats**; comprenia el recinte sagrat, on hi havia un altar per al sacrifici i on es conservava la imatge de la divinitat.

– S'hi pregava per aconseguir **ajuda** dels déus en les campanyes militars o per demanar el càstig d'algú.

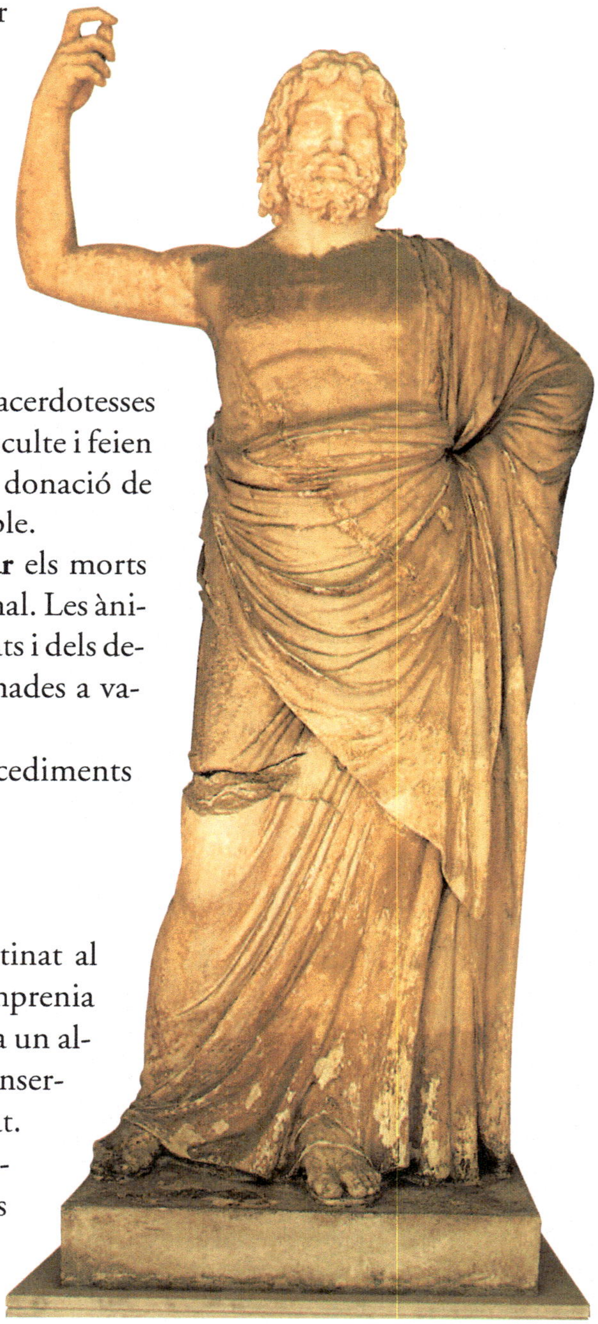

Zeus era el pare de tots els déus a l'antiga Grècia.

ACTIVITATS

1.23. Quina era la concepció dels déus a l'antiga Grècia? Explica-ho breument.

1.24. Investiga la relació que hi ha entre les Olimpíades i el fenomen religiós a Grècia? On se celebraven? En honor a qui? En què consistien? Quines eren les modalitats de competició en aquella època?

RECORDA

Els **grecs** antics:
- Eren **politeistes**.
- Creien en **déus** que tenien forma i qualitats humanes (**antropomòrfics**).
- Creien en la **immortalitat** dels déus.
- **Enterraven** i **incineraven** els morts.

2.4. El fenomen religiós a Roma

Els romans eren **politeistes**. Creien que la grandesa del seu Imperi era deguda a l'ajut dels déus, que recompensaven la seva gran fe amb victòries militars.

Amb les conquestes que anaven fent incorporaven nous déus que prenien dels pobles conquerits.

En honor de les divinitats construïen temples i oferien sacrificis d'animals.

L'**emperador** era adorat com un déu i es practicava el culte a la seva persona.

També veneraven els déus protectors de la llar i de la família: a cada casa hi havia un altar dedicat a aquests déus.

Eren molt supersticiosos* i, abans de prendre una decisió, consultaven la voluntat dels déus, expressada per mitjà dels oracles*. Els **oracles** eren una forma d'endevinació practicada per una persona, que donava resposta, en nom de la divinitat, a la demanda sobre esdeveniments passats, presents o futurs, o sobre la manera justa d'actuar en determinades circumstàncies.

Els romans retien culte a l'emperador com si es tractés d'un déu.

Festes religioses

El **calendari** religiós reflectia la bona acceptació per part de Roma de cultes i divinitats dels territoris conquerits. A mesura que anaven assimilant nous déus de pobles conquerits, introduïen noves festes. Van arribar a incorporar-se tantes festes, que els dies festius eren més nombrosos que els feiners.

Entre les festes religioses més importants hi ha aquestes:

– **Saturnals**: se celebraven al desembre, en el solstici d'hivern, durant set dies. Tota l'activitat econòmica s'aturava, els esclaus recuperaven momentàniament la llibertat, hi havia intercanvi de regals i es respirava un ambient d'alegria.

– **Lupercals**: era una antiga festa en què originàriament s'adorava Luperc, un déu dels pastors.

– **Jocs seculars**: durant aquests jocs s'organitzaven espectacles atlètics i sacrificis.

VOCABULARI

Supersticiós. Poruc a les coses que són desconegudes i misterioses.

Oracle. A més de l'endevinació pròpiament dita, dóna nom al lloc on la divinitat donava les respostes.

Rituals funeraris

Els romans van practicar, al llarg de la seva història, dos rituals d'enterrament o rituals funeraris: la *incineració* i la *inhumació*.

Quan moria un ciutadà important a Roma, era rentat i després vestit amb una toga*, segons la seva categoria. Al seu voltant s'hi posaven flors i perfums i els seus amics li feien costat en la seva última visita. Finalment, el cos era **incinerat***.

La gent més pobra, al contrari, era enterrada de nit i, generalment, era **inhumada***.

Els **manes** eren les ànimes dels difunts. El lloc on hi havia dipositat un cadàver era propietat dels manes i tenia caràcter religiós.

Façana d'un temple romà dedicat als manes.

Temples

El **temple** era la residència del déu al qual estava consagrat. Només els sacerdots hi tenien accés. L'altar, on s'oferien els sacrificis, era sempre davant de l'entrada. A l'interior només hi havia l'estàtua de la divinitat, al voltant de la qual els sacerdots dipositaven les ofrenes dels devots. Aquests temples tenien la planta rectangular i, en general, només disposaven de columnes a la façana del davant.

RECORDA

Els **romans** antics:
- Eren **politeistes**. Incorporaven nous déus dels pobles conquerits.
- L'**emperador** era adorat com un déu.
- Eren supersticiosos i creien en les prediccions dels **oracles**.
- **Enterraven** i **incineraven** els morts.

ACTIVITATS

1.25. Busca el nom d'algunes divinitats de l'antiga Roma i digues qui o què representaven o quina funció tenien.

1.26. Busca informació sobre les festes saturnals i investiga quina relació poden tenir amb alguna de les nostres festes actuals.

1.27. Com eren els ritus funeraris romans?

1.28. Què eren els manes? Què representaven?

1.29. Com era considerat l'emperador a l'antiga Roma? Què representava?

VOCABULARI

Toga. Peça de roba llarga i ampla que es col·locava damunt la túnica i que era la indumentària principal dels ciutadans de roma.

Incinerar. Reduir a centres.

Inhumar. Enterrar.

2.5. El fenomen religiós cristià

Jesús de Natzaret.

El cristianisme és una religió **monoteista*** que té les seves arrels en la religió jueva* i que va ser fundada per Jesús de Natzaret.

Anomenat el **Fill de Déu**, Jesús ve al món com a **Messies** o enviat, salvador de tota la humanitat.

Les seves idees i el seu missatge van xocar amb el poder religiós de l'època. Aquest va conspirar contra Jesús i el va acusar de **blasfem***, d'anomenar-se Fill de Déu i de perdonar els pecats. Va ser traït* per un dels seus deixebles i va ser jutjat i condemnat a mort.

Els deixebles van continuar predicant els seus ensenyaments. Van sorgir les primeres comunitats cristianes i va néixer, així, el **cristianisme**, que va ser ben rebut per les classes més senzilles de la societat. Amb el temps, aquesta religió es va estendre per tot l'Imperi romà i per molts dels imperis de la civilització occidental.

El llibre sagrat

El **llibre sagrat** dels cristians és la Bíblia, formada per l'Antic Testament i el Nou Testament. La **Bíblia** és la recopilació de llibres escrits en diverses èpoques i moments històrics.

Què és el cristianisme?

El **cristianisme** va començar sent un moviment de contradicció vers els costums religiosos de l'època, alhora que aportava una nova visió de les relacions de la persona amb Déu. En els seus més de 2.000 anys d'existència, s'ha estès per tots els indrets de la Terra.

El nombre de cristians supera la xifra de 2.000 milions actualment.

VOCABULARI

Monoteista. Que es basa en la convicció de l'existència d'un únic déu, creador i senyor de l'Univers.

Religió jueva. Religió dels jueus en la qual és essencial la creença en un únic Déu que alliberà els israelites de l'esclavitud d'Egipte i els revelà la seva Llei, la Torà.

Blasfem. Que expressa ofenses contra la divinitat, contra algun símbol religiós o contra alguna realitat que és objecte de veneració o de culte religiós.

Trair. Cometre traïció. Violar la fidelitat que una persona deu a algú o a alguna cosa.

Les creences

Les principals **creences*** del cristianisme són:

– El **món** va ser creat per Déu i és bo, encara que hi passin coses dolentes provocades per algunes persones.

– Jesús va venir al món i es va fer una **persona** com nosaltres. Va donar la seva vida a fi que tota la humanitat conegués l'amor de Déu i pogués viure per sempre amb Déu.

– La finalitat de la vida és fer la voluntat de Déu en aquest món i buscar la **felicitat** ara i per sempre.

L'església és el lloc de culte dels cristians.

La mort, una esperança enmig del dol*

Per a la fe cristiana, la **mort** és el pas d'aquest món vers una vida per sempre. La persona que mor espera la **resurrecció** i gaudeix de Déu.

El cristianisme té algunes tradicions per recordar les persones que han mort. El dia dels Difunts, el 2 de novembre, es recorden les ànimes d'aquells que ja no són en aquest món i es prega per ells. Durant aquest dia es visiten els cementiris per recordar les persones estimades que han desaparegut.

RECORDA

– Els cristians creuen que Jesús de Natzaret és el **Fill de Déu**. Els seus seguidors el van reconèixer com a **Messies**.
– La finalitat de la vida és buscar la **felicitat** segons la voluntat de Déu.
– La mort és el pas de la vida terrenal a una vida per sempre (**resurrecció**).

ACTIVITATS

1.30. Per què diem que el cristianisme és una religió monoteista? Raona la resposta.

1.31. Qui és per als cristians Jesús de Natzaret?

1.32. Quin és el llibre sagrat dels cristians? De quines dues parts és compost?

1.33. Assenyala algunes característiques importants de la religió cristiana.

1.34. Per al cristianisme, què és la mort?

1.35. Elabora un petit dossier sobre les festes cristianes de Tots Sants i del dia dels Difunts. Amplia el teu treball amb informació sobre les tradicions populars que se celebren a Catalunya durant aquests dies.

VOCABULARI

Creença. Allò que una persona creu en matèria religiosa.

Dol. Pena causada per la mort d'una persona estimada o, en general, per una gran desgràcia.

2.6. L'hinduisme

L'**hinduisme**, estès sobretot a l'Índia, més que una religió, és una filosofia o manera d'entendre la vida.

L'hinduisme se sol dividir en tres etapes:

– El **vedisme** (1500-1800 aC).

– El **bramanisme**, que s'estén durant la resta del primer mil·lenni abans de Crist.

– L'**hinduisme** pròpiament dit, plenament establert a partir del segle VI dC.

Torre amb deïtats d'un temple del sud de l'Índia.

L'absolut

Braman* (l'absolut) representa la personificació del déu suprem, creador de tot l'Univers, i també dels altres déus. Per això se'l representa de vegades amb moltes cares. Els hindús creuen que només podran ser feliços quan el *seu jo* (**atman***) descansi per sempre en *braman*. D'això en diuen **alliberament**.

La reencarnació

Segons els hindús, l'existència de les persones ha estat precedida d'altres vides anteriors. Les ànimes dels difunts que no han obtingut la purificació o alliberament definitiu es van **reencarnant** fins que aconsegueixen l'alliberament final.

Per a l'hinduisme, la trajectòria de la vida és circular: es neix, es creix, es mor i es torna a néixer fins que la conducta de l'individu permet el seu alliberament i no torna a néixer més. L'objectiu de la persona és la perfecció.

Reencarnació del déu hindú Vishnu en forma de peix.

Els camins

Per aconseguir l'alliberament, l'hinduisme marca tres **camins**:

– El **camí dels actes**, que consisteix a complir els propis deures i obligacions.

– El **camí del coneixement**, que elimina la ignorància i permet conèixer la veritat mitjançant el propi esforç.

– El **camí de la devoció**, que exigeix actes de culte.

VOCABULARI

Braman. Ésser sagrat de l'Índia que tenia els privilegis següents: era venerat per la gent, rebia donacions, era immune a la pena capital, etc.

Atman. Ànima individual separada de la divinitat fins que no obté la salvació.

Els ritus

No hi ha uns **ritus*** obligatoris ni unes pregàries concretes per fer. El culte és totalment lliure, de vegades es fa individualment i d'altres, en grup. Allà on l'hinduisme és majoritari, hi ha un gran nombre de santuaris o llocs sagrats.

En cada poblat i llar familiar hi ha un petit **temple**, un espai, un objecte (que pot ser un arbre, una pedra, etc.) que representa «la divinitat» i que és respectat com a tal. En aquest temple es viu la religió amb molta intensitat.

Ritual religiós al riu Ganges.

El pelegrinatge

El **pelegrinatge*** és molt important en l'hinduisme. Hi ha algunes ciutats que es consideren ciutats sagrades, com Benarés*. Però, sobretot, és als marges del riu Ganges*, considerat també sagrat, on els creients fan les seves pregàries i duen a terme el bany sagrat.

Els llibres sagrats

Els primers llibres sagrats són els **Vedes**, que vol dir «saber». Són els llibres religiosos més antics. S'hi descriuen les **divinitats vèdiques** (barreja dels déus i les deesses de la gent del país i de les creences provinents d'altres cultures) i s'hi fa una descripció molt detallada de les cerimònies que cal fer per invocar-les. També contenen històries, himnes, pregàries i poemes.

RECORDA

Els **hindús** creuen:

— Que només podran ser feliços quan el *seu jo* (**atman**) descansi per sempre en *braman*. D'això en diuen **alliberament final**.

— Que les ànimes dels difunts que no han obtingut la purificació es van re**encarnant** fins que aconsegueixen l'alliberament final.

ACTIVITATS

1.36. Quines són les tres grans etapes de l'hinduisme?

1.37. Explica què vol dir *braman* i què vol dir *atman*.

1.38. En què consisteix la creença de la reencarnació segons l'hinduisme?

1.39. Creus que l'hinduisme es pot considerar una religió? Per què?

VOCABULARI

Ritu. Norma que regula l'execució d'una cerimònia del culte religiós, un sagrament, una acció sacra.

Pelegrinatge. Pràctica devota que consisteix a visitar un santuari o lloc per fer-hi determinats actes religiosos: penitència, vot, devoció...

Benarés. Ciutat de l'Índia que s'estén al llarg del riu Ganges, a les ribes del qual hi ha una gran quantitat d'ermites, temples, palaus, i escalinates per als banys sagrats dels pelegrins, que hi arriben perquè aquesta ciutat és considerada la ciutat més santa de l'hinduisme.

Ganges. Riu sagrat per excel·lència de l'Índia. Segons la tradició hindú, la seva aigua té virtuts purificadores i salvífiques.

Un pas més

Totes les religions ofereixen, d'una manera o altra, mitjans per accedir al sentit de la vida i de la mort. Els **textos sagrats** recullen aquesta experiència i ens ajuden a identificar allò que cada religió considera com a sagrat. Aquí en tens una petita mostra:

Que braman ens protegeixi

«Que braman ens alimenti,
que tinguem forces per treballar junts,
que els nostres afanys donin fruit,
que puguem estimar-nos i viure en pau.
Pau, pau, pau a tots.
Restem units,
parleu amb seny,
deixem que les ments
aprenguin amb harmonia,
cerqueu la concòrdia en la pregària.
Si us reuniu, que sigui per unir-vos,
si decidiu quelcom,
que sigui per treballar junts,
si ajudeu els altres, feu-ho junts.
Tingueu un sol cor,
una mateixa intenció,
una mateixa i única pau.
Pau, pau, pau a tots vosaltres.»

Upanishad

Evangeli de Mateu

«*—Estima el Senyor, el teu Déu, amb tot el cor, amb tota l'ànima i amb tot el pensament.* Aquest manament és el més gran i el primer. El segon li és semblant: *Estima els altres com a tu mateix.* Tots els manaments de la Llei i dels Profetes es fonamenten en aquests dos.»

MATEU 22,37-40

Nosaltres som una part de la Terra

«Allò que esdevé a la Terra,
també esdevé als fills de la Terra.
Heu d'ensenyar als vostres fills que el sòl que tenen sota els peus conté les cendres dels nostres avantpassats.

Per tal que respectin la Terra,
expliqueu-los que la Terra conté les ànimes dels nostres avantpassats.
I ensenyeu als vostres fills allò que nosaltres ensenyem als nostres:
que la Terra és la nostra mare. [...]

Allò que esdevé a la Terra
esdevé, també, als fills de la Terra.

L'home no va crear el teixit de la vida,
tan sols n'és un fil. Allò que feu a aquest teixit, us ho feu a vosaltres mateixos. [...]

Tan sols sabem una cosa —que potser algun dia l'home blanc també descobrirà—,
i és que el nostre Déu és el mateix que el seu.

Vosaltres potser us penseu que el posseïu
—igual com intenteu posseir la nostra terra—,
però no podeu.

És el Déu de tots els homes,
tant dels pellroges com dels blancs.
Ell estima molt aquesta Terra, i el qui hi atempta en contra menysprea el seu Creador.»

GRAN CABDILL SEATLE
Nosaltres som una part de la Terra
J. J. de Olañeta Editor

Síntesi de la unitat

- Tota **religió** es compon d'aquests elements:
  - **Creences**: les doctrines, els éssers espirituals...
  - **Ritus**: les festes religioses, els cants, les tradicions, les pràctiques privades o comunitàries, les devocions...
  - **Ètica**: els valors, la moral de la religió, les virtuts, els comportaments...
  - «**Elements**» **sagrats**: elements que donen forma i contingut a la religió, textos sagrats, persones sagrades, llocs sagrats i de culte...
  - **Decàlegs**: codis i descripcions de comportaments...

- Les falses religions neguen la llibertat dels seus seguidors, els manipulen i, fins i tot, els poden arribar a mantenir pràcticament segrestats. Anomenades sovint **sectes**, solen fer molt de mal a la religió.

- Els pobles de l'edat antiga eren **politeistes**. El **temple** era el lloc de culte estable d'una religió. Les **ofrenes** es feien per guanyar-se la protecció dels déus. El **sacerdot** era la persona que feia d'intermediari entre les divinitats i els humans.

- Per als **mesopotamis** la religió es basava en el culte a les forces de la natura i el culte a les divinitats representades en forma humana.

- La religió a l'antic **Egipte** era politeista. Els egipcis creien en la vida més enllà de la mort.

- La religió a l'antiga **Grècia** era politeista. Els grecs creien en déus que tenien forma i qualitats humanes i en la seva immortalitat. Practicaven el culte als morts.

- La religió a l'antiga **Roma** era politeista. L'emperador era adorat com un déu. Els romans creien en les prediccions dels oracles. Practicaven el culte als morts. Les festivitats religioses marcaven el ritme de l'any.

- Els **cristians** creuen:
  - Que Jesús de Natzaret és el **Fill de Déu**. Els seus seguidors el van reconèixer com a **Messies**.
  - Que la finalitat de la vida és buscar la **felicitat** segons la voluntat de Déu.
  - Que la mort és el pas de la vida terrenal a una vida per sempre (**resurrecció**).

- L'**hinduisme**, estès sobretot a l'Índia, més que una religió, és una manera d'entendre la vida. Els hindús creuen:
  - Que només podran ser feliços quan el *seu jo* (**atman**) descansi per sempre en *braman*. D'això en diuen **alliberament final**.
  - Que les ànimes dels difunts que no han obtingut la purificació es van **reencarnant** fins que aconsegueixen l'alliberament final.

Activitats de síntesi

1.1. Escriu una redacció d'unes set línies sobre el tema de la felicitat i de la infelicitat. Pot començar així, per exemple: «Sóc feliç quan...» Després, fes el mateix amb aquest començament: «No sóc feliç quan...»

1.2. Per a què serveix una religió? Fes aquesta pregunta a persones del teu entorn, d'edats diferents, i analitza quina resposta et donen.

1.3. Quina diferència hi ha entre el monoteisme i el politeisme?

1.4. Elabora un quadre esquemàtic com el que hi ha tot seguit i defineix les religions següents segons els apartats corresponents:

Religions	Principis	Creences	Ritus	Elements sagrats	Ètica
Mesopotàmica					
Egípcia					
Grega					
Romana					
Cristiana					
Hinduista					

1.5. Quines són les característiques que permeten descobrir una falsa religió o secta? Enumera-les detalladament.

1.6. Compara la visió que tenen de la mort el cristianisme i l'hinduisme.

1.7. Què vol dir la paraula *moksa*? Busca'n el significat i relaciona'l amb alguna de les religions treballades en aquesta unitat.

1.8. Digues quin és el riu més sagrat de l'Índia. Què hi va a fer la gent? Per què?

1.9. Descriu el perfil d'un seguidor de Jesús segons les dades que coneixes sobre el cristianisme.

1.10. Esbrina què celebren els cristians els dies 1 i 2 de novembre. Com ho fan? Quins costums hi ha? Quines tradicions són importants a Catalunya durant aquests dies?

1.11. Elabora un anunci publicitari sobre els avantatges de la religió en general.

UNITAT 2

L'ésser humà

Una gran meravella

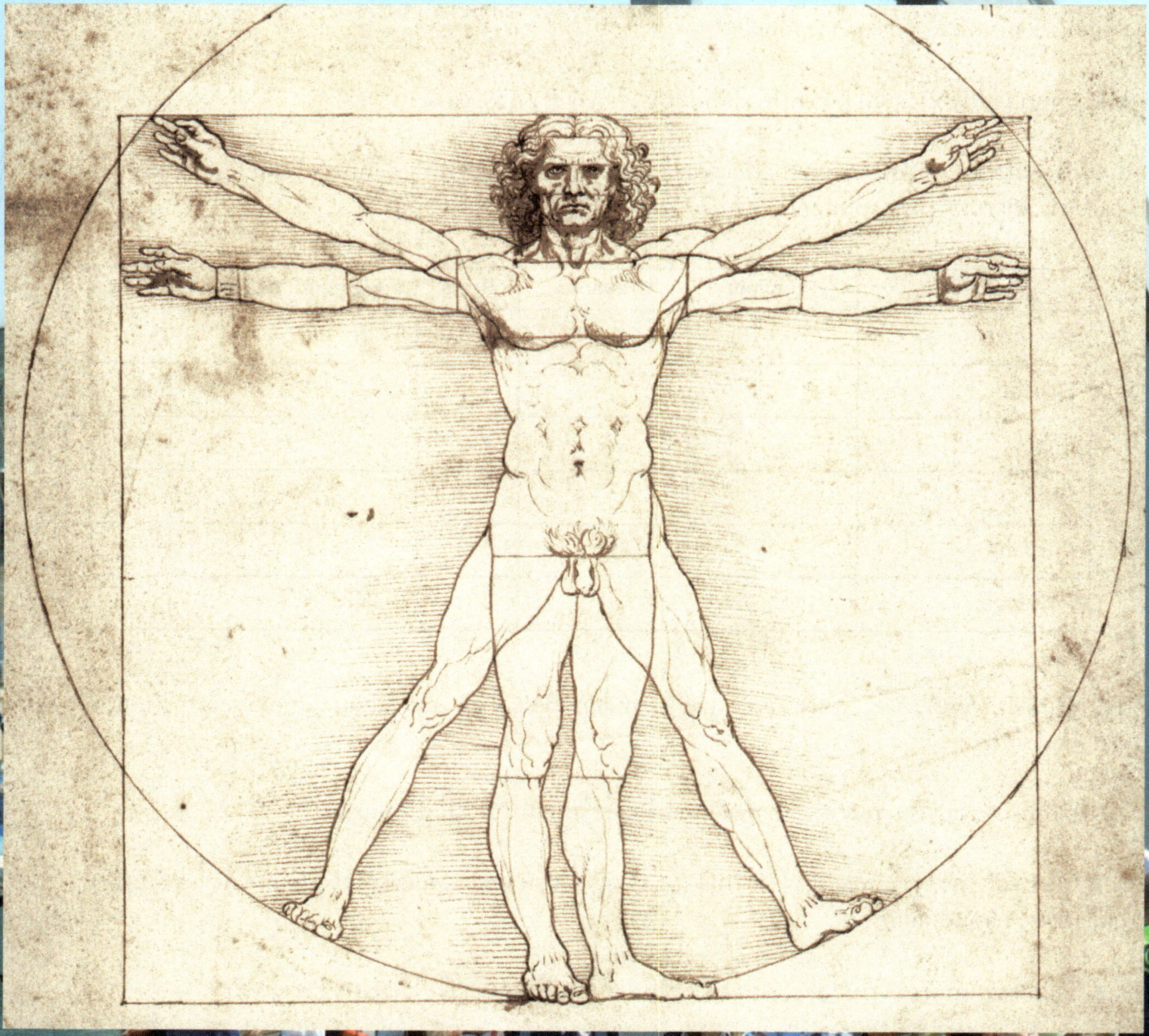

I TU, QUÈ HI DIUS?

2.1. Tria cinc adjectius amb els quals definiries l'ésser humà. Ordena'ls de més a menys importància i justifica el perquè d'aquest ordre.

2.2. Quins aspectes creus que han evolucionat més en l'ésser humà des de la prehistòria? Quins aspectes creus que no han evolucionat gaire?

2.3. Per què podem afirmar que l'ésser humà és una gran meravella?

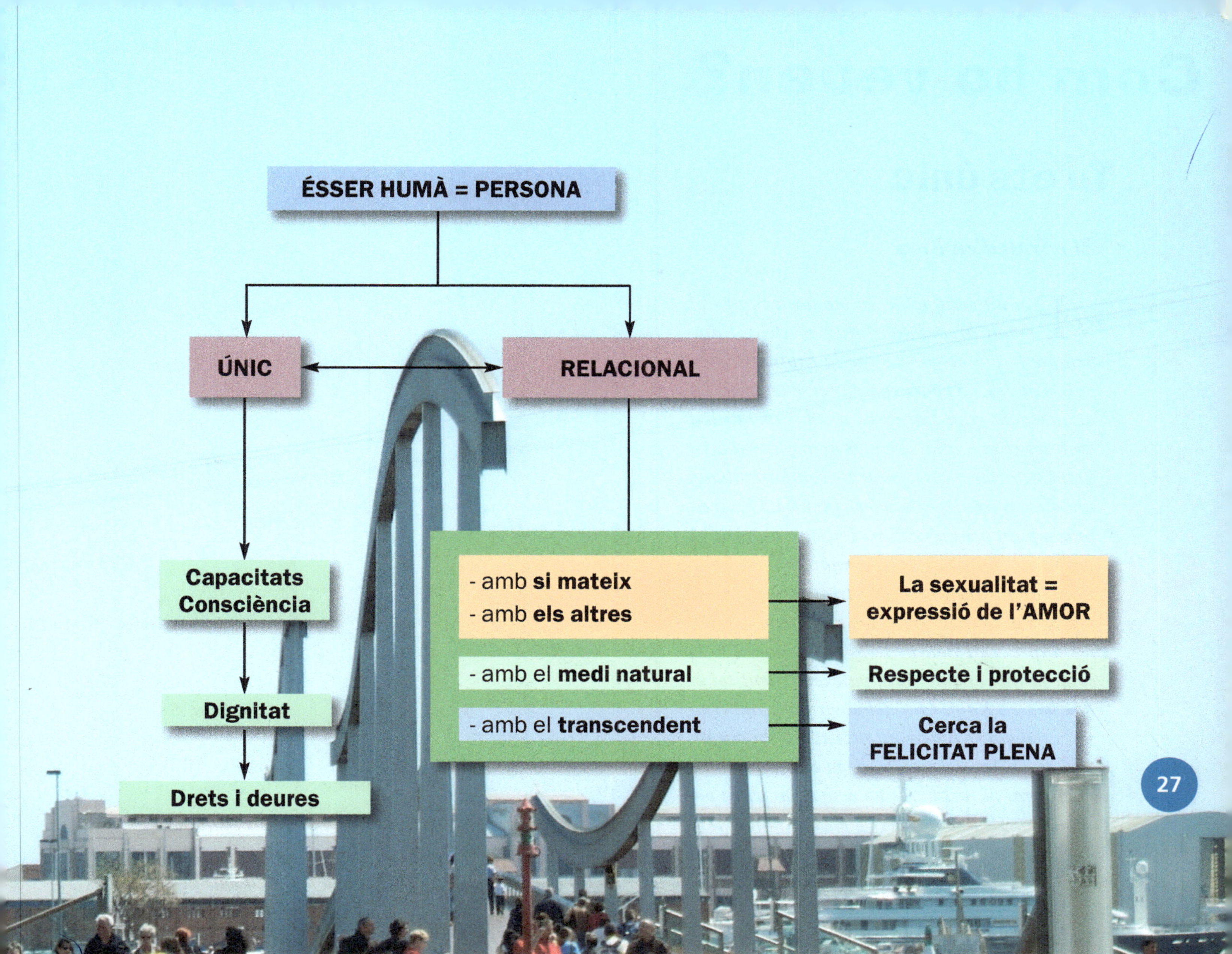

En quasi totes les cultures i creences, l'ésser humà ha estat considerat una meravella, un ésser especial i diferent de la resta d'éssers vius. Per què? Per la seva **capacitat intel·lectual** i de pensament; per la seva **consciència** d'ésser que té una història, és a dir, amb un passat, un present i un futur; per la possibilitat de **preguntar-se** sobre els esdeveniments; per la seva capacitat d'«intuir» que tot el que existeix ha estat obra d'«Algú» (el Transcendent, Déu...), etc.

D'altra banda, l'ésser humà és l'únic capaç de comprendre i acceptar la seva **responsabilitat** en la continuació de la creació. Sap que necessita aprendre a gaudir-ne, a transformar-la i a millorar-la. Però també sap que només pot fer-ho amb **relació** als altres éssers humans.

Tu, com a persona, tens davant teu un gran repte: descobrir el camí de la **felicitat** plena. De fet, tots els éssers humans intentem comprendre el propi origen i el destí, donar valor al present i adreçar-lo vers la construcció d'un futur millor per a tothom. Per a algunes de les grans religions, aquesta és la tasca més important. Aquesta felicitat plena, el cristianisme l'anomena **Regne de Déu**.

Com ho veuen?

Tu ets únic

El mirall d'en Kam

«En un petit poble, hi vivia un camperol molt treballador que es deia Kam. Sempre havia volgut visitar la capital del seu país. Un dia, va poder complir el seu somni. En arribar a la gran ciutat, va quedar meravellat amb tot el que veia. Després de recórrer-la, va decidir tornar a casa, no sense comprar, abans, uns quants regals per a la seva família. Quan estava a punt per marxar, va veure en una botiga un objecte molt estrany que mai no havia vist. Era rodó i brillava com un tros de metall. S'hi reflectia el rostre d'un home, que semblava mirar sorprès en Kam. Però no va quedar aquí la cosa, ja que l'home imitava exactament tot el que feia en Kam. Qui devia ser aquesta persona? En Kam no havia vist mai abans un mirall; així doncs, sense pensar-s'ho, va comprar aquell màgic tros de metall. El va embolicar, el va posar al fons de la bossa i es va encaminar de retorn a casa. Tenia moltes preguntes a fer a l'home que havia vist i que tan familiar i, alhora, tan estrany li semblava.

Quan va arribar a casa, va ser rebut amb molt d'entusiasme per la seva família, especialment quan va desembolicar els regals. Van celebrar una festa en honor seu, i, un cop acabada, en Kam se n'anà a treballar al camp. Mentre era fora, la seva filla, que s'havia adonat que a la bossa del pare hi quedava un paquet, el va treure i el va obrir.

—Mira això! El pare ha portat una noia maca a casa i l'ha amagada amb arts màgiques en un tros de metall.

La dona d'en Kam va sentir el que deia la filla, va agafar el mirall i va veure la cara d'una dona. De seguida es va engelosir.

—Home cruel! Ha dut una dona de la ciutat perquè ocupi el meu lloc!

El pare d'en Kam es va acostar a les dones. Va observar el mirall i va dir:

—Per què ha portat aquest vell? De segur que vol menjar-se el meu arròs i dormir al meu llit!

Els plors i els crits feren tornar en Kam. En veure'l, la seva dona començà a donar-li cops.

—Ets un malvat, per haver portat aquesta mala dona perquè ocupi el meu lloc!

—I per portar aquest vell lleig! —va cridar el seu pare.

—I per portar aquesta noia estúpida! —va exclamar la filla.

—Anem a veure el sacerdot i que ens digui què vol dir tot això —va dir en Kam.

Anaren tots a veure què deia el sacerdot. Cadascú li explicà el que havia vist al mirall.

—Mmm! L'únic que veig és el rostre d'un vell i savi sacerdot.

Després, els va explicar què és un mirall i com havien caigut tots en el parany.»

Robert Fisher

Cuento popular de Corea, dins *Cuentos para pensar* (traducció i adaptació)

Obelisc

Carta a un amic

«No puc donar-te solucions a tots els problemes de la vida, ni tinc respostes per als teus dubtes o temors,
però puc escoltar-te i cercar-les al teu costat.
No puc canviar el teu passat ni el teu futur,
però, quan em necessitis, seré allà.
No puc evitar que ensopeguis,
només puc oferir-te la mà perquè t'agafis i no caiguis.
Les teves alegries, el teu triomf i els teus èxits no són meus,
però gaudeixo, sincerament, quan et veig feliç.
No puc impedir que t'allunyis de mi,
però puc desitjar-te el millor i esperar que tornis.
No puc posar-te límits a les teves actuacions,
però puc oferir-te l'espai necessari perquè puguis créixer.
No puc dir-te qui ets ni qui hauries de ser.
Només puc estimar-te tal com ets i ser el teu amic.
Sí, em sento feliç: tinc més amics dels que podia imaginar-me.
Allò que ells em diuen m'ho demostra, allò que sento per tots ells ho demostra.
Veig la resplendor en els seus ulls, el somriure espontani
i l'alegria que senten en veure'm.
Visc la joia de la pau i de la confiança quan els veig i quan enraonen:
sigui en l'èxit, sigui en el silenci, sigui en la pena, sigui en el neguit,
sigui com sigui… estic content, perquè quan penso en els amics,
sé que puc comptar amb ells.»

JORGE LUIS BORGES
Fragment de *Carta a un amigo* (traducció)
Emecé

ACTIVITATS

2.4. Per parelles, intenteu reflectir els moviments de l'altre, com si fóssiu un mirall. Intercanvieu-vos els papers. Després, comenteu les sensacions que heu experimentat.

2.5. Què creus que vol explicar el conte de la pàgina anterior? Què vol dir que «havien caigut tots en el parany»?

2.6. Què diferencia una persona de les altres, a més de l'aspecte físic?

2.7. Quines característiques ha de tenir per a tu un amic? Coincideixen amb les que podem deduir del text *Carta a un amic*?

2.8. De manera semblant al text *Carta a un amic*, què diries a un amic que té dificultats en l'estudi? I a un altre que té el costum de dir paraules lletges?

1. Éssers singulars

A mesura que et vas fent gran, descobreixes que la vida que t'envolta no és tan fàcil d'explicar ni de comprendre com les *històries* que et narraven quan eres petit. Segurament has estudiat i après que tots els éssers vius «neixen, creixen, es reprodueixen i moren»; però la realitat de la vida no és tan senzilla ni de viure ni d'explicar.

Tot i que físicament semblem **iguals**, hi ha alguna cosa que ens fa **diferents**. Aquesta és la grandesa i, alhora, el misteri, del gran do de la vida.

El pensador, ***de Rodin.***

1.1. Complexos, únics i iguals, alhora

Els éssers humans tenim diferents característiques:

– Som **complexos***. Les persones som una realitat complexa, dotada de diverses capacitats: físiques, emocionals, intel·lectuals, artístiques, espirituals... Som éssers **autònoms***, és a dir, amb capacitat de projectar amb llibertat la nostra vida.

Les capacitats o disposicions naturals que tota persona posseeix no es donen aïllades. Totes aquestes capacitats es relacionen i interactuen i les podem descobrir, enriquir i fer créixer.

– Som **únics**. L'ésser humà es pot valdre de totes les seves capacitats. Però no tothom les utilitza de la mateixa manera. Per això diem que tots som únics i singulars, perquè cadascú respon de manera diferent davant la realitat que ens envolta.

Cadascú pot desenvolupar les pròpies capacitats.

Diuen que no hi ha una persona en tot el món que tingui les mateixes empremtes digitals, o que tingui el mateix timbre de veu, o, fins i tot, que tingui exactament els mateixos gustos. Les persones són tan diferents les unes de les altres que, tot allò que hom no pensi, no faci o no decideixi, ningú no podrà fer-ho en lloc seu.

Per això diem que cada persona, home o dona, és única i diferent. No som còpia ni succedani de cap altra persona.

VOCABULARI

Complex. Que comprèn moltes parts diferenciades entre si, però, alhora, relacionades entre si també, de manera que donen unitat al conjunt.

Autònom. Que actua per ell mateix, que pren decisions pròpies.

– Som **iguals**. No obstant això, descobrim que el fet de ser únics va lligat a una característica comuna de les persones: a tots ens han estat donats i reconeguts trets físics, intel·lectuals, emocionals, ètics, espirituals... que ens fan iguals, tot i que els treballem o els fem servir de manera diferent.

Iguals i diferents, alhora.

RECORDA

Els éssers humans som **complexos** i **únics**, **iguals** i, alhora, **diferents**.

1.2. Amb consciència

Totes les persones hem d'anar descobrint i construint la nostra vida, de manera que les **respostes** que donem a cada situació estiguin ben raonades. Aquest és un aprenentatge que cal fer per actuar correctament i responsabilitzar-nos de les conseqüències dels nostres actes.

Per donar les respostes adequades a cada situació, les persones interrelacionem les capacitats des de la **consciència**, des d'on prenem les decisions personals, que ningú no pot substituir ni prendre per un altre. Diem que la consciència personal es localitza en el **propi interior**.

RECORDA

A través de la **consciència**, la persona es coneix a si mateixa, decideix la seva manera d'actuar en cada moment, valora els seus actes i s'adona de les seves conseqüències.

ACTIVITATS

2.9. Escriu cinc aspectes que et diferenciïn dels companys de classe i cinc aspectes en què coincideixis. Comenta'ls amb un company i comproveu en què us assembleu i en què no.

2.10. Per parelles o en petit grup, elaboreu una llista d'accions que fem les persones de manera autònoma (lliurement) i una altra llista d'accions que fem de manera condicionada. Feu una llista amb les conclusions a què heu arribat entre tota la classe.

2.11. Fes un autoretrat per escrit. Què és allò que hi destaques de tu mateix?

2.12. Escriu una acció positiva i una altra de negativa que hagis fet a casa, a l'escola o amb els amics i pensa en les conseqüències que se n'hagin pogut derivar per a tu o per als altres.

2.13. Fes una llista de persones que destaquin en els àmbits següents: esportiu, musical, polític, religiós... Digues quines capacitats creus que desenvolupen.

1.3. Amb dret a la mateixa dignitat i a ser respectats

L'article 1 de la Declaració Uni-versal dels Drets Humans diu: «*Tots els éssers humans neixen lliures i iguals en dignitat i en drets. Són dotats de raó i consciència, i els cal mantenir-se entre ells amb esperit de fraternitat.*»

Aquesta afirmació és important, ja que reconeix que tota persona té el dret de viure i desenvolupar-se sense patir cap tipus de manipulació, explotació o agressió contra la seva vida per part de ningú.

Descobrir, conèixer i valorar les pròpies possibilitats (il·lusions, qualitats, habilitats...) fa que siguem capaços de descobrir, conèixer i valorar les aptituds i les possibilitats dels altres. Això ens porta a **respectar** i a **compartir** el que som i el que fem, tot enriquint-nos mútuament.

El **pensament ètic mundial***, que es basa en el respecte a tothom, sigui de la cultura que sigui, tingui les creences que tingui, segueixi una ideologia o una altra, regeix el comportament de les persones i de les societats.

Aquests dos principis o valors suprems, mateixa **dignitat** i **respecte mutu**, són la base de la Declaració Universal dels Drets Humans, acordada per l'Organització de les Nacions Unides (ONU) l'any 1948.

Per als cristians, la dignitat i el respecte mutu també són valors suprems que tenen la seva concreció en el *manament de l'amor* de Jesús: «*[...] que us estimeu els uns als altres tal com jo us he estimat.*» (Jn 15,12)

D'altra banda, el reconeixement de la dignitat de la persona i del respecte mutu és un deure que els pobles i les nacions han de tenir en compte i fer realitat en els seus àmbits d'actuació: social i cultural, polític i econòmic, sanitari, religiós...

Edifici de l'ONU a la ciutat de Nova York.

VOCABULARI

Pensament ètic mundial. Conjunt de comportaments, normes i valors que regulen la conducta humana, per a tota la humanitat i totes les cultures i creences.

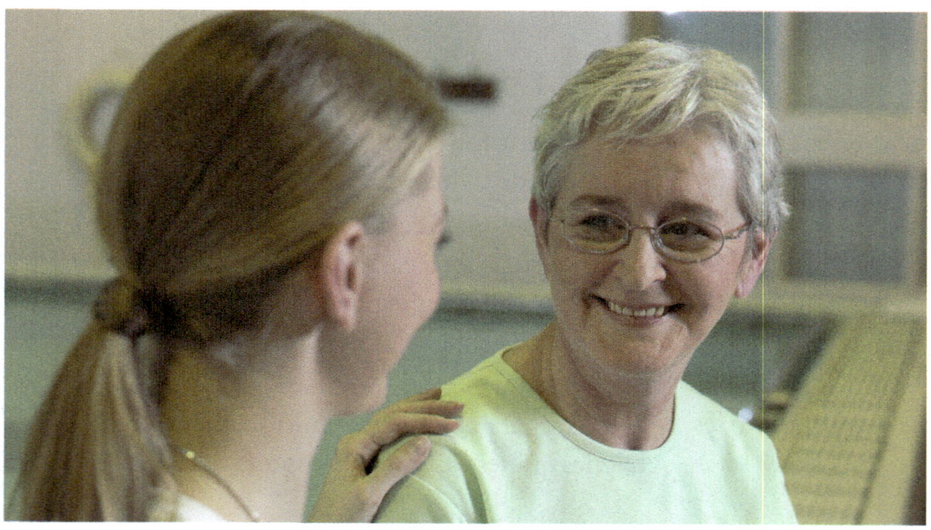

Quan respectem les persones, tots ens n'alegrem.

El fet de viure els valors de la dignitat i el respecte es concreten en actituds solidàries com aquestes:

– La **promoció de la justícia i la solidaritat***: en les relacions personals quotidianes, a l'escola, en el repartiment de les riqueses...

– La **denúncia** de qualsevol acció o situació de menyspreu o marginació de l'altre.

– La **participació** en accions de protecció i millora de la natura.

– La **col·laboració** en la millora de les possibilitats i les condicions de vida de les persones i els pobles més desfavorits...

Totes les persones tenim la mateixa dignitat.

RECORDA

– Tots els éssers humans són mereixedors de respecte mutu ja que neixen amb la mateixa **dignitat**.
– El fet de viure els valors de la dignitat i el respecte mutu es concreta en actituds **solidàries** i de **promoció de la justícia**.

VOCABULARI

Solidaritat. Fet de compartir les idees, els propòsits i les responsabilitats amb els altres.

ACTIVITATS

2.14. Escriu la definició dels termes següents: *consciència*, *dignitat* i *ètica mundial.*

2.15. Fes una llista de les actituds a què fa referència el text *Carta a un amic* de la pàgina 29.

2.16. Llegeix i relaciona els textos bíblics Lv 19,18 i Jn 15,12. Quina és la novetat que presenta Jesús, respecte del text del Levític? Per què Jesús es posa com a exemple d'amor?

2.17. Busca informació sobre l'ONU i redacta'n una explicació breu. Esmenta dos objectius o finalitats importants d'aquesta organització.

2.18. Parleu en grups reduïts dels aspectes que podrien formar part d'una ètica comuna a tota la classe o a tota l'escola. Trieu-ne cinc i expliqueu per què han de ser acceptats per tothom. Després, entre tota la classe, seleccioneu els més importants i confeccioneu un mural.

2.19. Fes una breu reflexió sobre els valors de què parla el poema de Pere Casaldàliga que hi ha en aquesta pàgina.

«On tu dius llei,
jo dic Déu!
On tu dius pau, justícia, amor,
jo dic Déu!
On tu dius Déu,
jo dic llibertat, justícia, amor!»

PERE CASALDÀLIGA

2. Éssers relacionals

L'ésser humà **creix i progressa** gràcies al domini i a l'ús de les pròpies capacitats físiques i intel·lectuals. Però allò que el fa ser persona i l'ajuda a dotar de **sentit** la seva existència és la **relació i la comunicació** que estableix amb l'entorn social, amb l'entorn natural i amb el **Transcendent** (Déu).

En aquest sentit, la mateixa Bíblia, en referir-se a la creació de la humanitat, vol explicar, d'una manera poètica, la necessària comunicació i relació que hi ha entre la persona i Déu, entre les persones i amb l'entorn.

El creixement, el progrés i la realització personal i relacional es dóna a diversos nivells: *amb un mateix*, *amb els altres*, *amb la natura* i *amb Déu*.

2.1. Amb un mateix

Conèixer i estimar-se un mateix, sense menysprear-se, sense deixar de fer allò que hom creu que ha de fer i d'arribar on pot arribar, ajuda a progressar i a realitzar-se a la vida. És una disposició que afavoreix el creixement personal correcte i condueix a la felicitat.

Comunicar-se i compartir experiències és molt important.

La relació amb un mateix passa per:

– L'**autoconeixement***: és la presa de consciència de les qualitats i els defectes que un té.

– La **valoració d'un mateix**: és l'acceptació de les pròpies capacitats i limitacions, donades per l'aprenentatge, l'entorn i el moment històric en el qual un viu.

– L'**autoestima***: és la visió positiva i oberta de les pròpies capacitats.

Per als cristians, Jesús ensenya que conèixer-se un mateix i estimar-se és construir la pròpia persona segons la voluntat de Déu, que ha creat tot ésser humà perquè arribi a la seva realització plena (Lc 6,46-49). No podem arribar a la realització plena si no som capaços d'acceptar-nos i estimar-nos a nosaltres mateixos (Mt 19,18-19).

RECORDA

– El **coneixement** i l'**acceptació** de les pròpies capacitats i limitacions i l'**autoestima** ajuden a la realització personal.
– Jesús ensenya que **conèixer-se** i **estimar-se** un mateix és construir la pròpia persona segons la voluntat de Déu.

VOCABULARI

Autoconeixement. Fet de conèixer-se un mateix tant pel que fa als aspectes positius com als negatius.

Autoestima. Capacitat humana d'autovaloració, essencial i necessària per poder actuar davant les coses des d'una òptica positiva.

2.2. Amb els altres

Som éssers socials que tenim cura de l'entorn natural i en gaudim.

Des del seu naixement, la persona descobreix que no està sola i que el seu creixement integral depèn, en gran manera, dels altres.

– La **família**: és l'àmbit on les persones aprenen i desenvolupen les seves primeres experiències de relació amb els altres. Proporciona companyia, afecte, suport incondicional, estabilitat emocional i inicia en la dimensió transcendent de la vida. En el si de la família s'aprèn a valorar els altres des de l'estima, el respecte i la col·laboració.

– L'**escola**: és el lloc d'aprenentatge dels diversos coneixements i de la convivència amb els altres companys. El suport i l'ajut dels educadors proporcionen orientació i criteris, conviden a la participació, enriqueixen la vida dels alumnes i fomenten la relació amb els altres.

– Els **amics**: de manera espontània i natural les persones formen grups en què el vincle que els uneix és l'**amistat**. La relació d'amistat es basa en la pràctica de valors com la lleialtat, el respecte, la justícia, la solidaritat, l'honestedat i la sinceritat. Els amics aporten la possibilitat de desenvolupar afeccions i de relacionar-se i comunicar-se en un ambient de cordialitat i alegria.

– La **societat**: l'amistat predisposa a la interrelació entre les persones i a la participació en els diferents àmbits de la **societat**. Així, quan una persona creix en un entorn social regit per l'amor i el respecte, aprèn a situar-se en el món com un ésser capaç de participar-hi amb responsabilitat.

L'Església catòlica, responent a la missió de servei a la persona i de compromís en la construcció del món, orienta i convida els cristians a viure els valors de l'evangeli (l'estima, el respecte, la justícia, la solidaritat, la pau...) enmig de la família, l'escola, els amics i la societat (1Pe 3,15-16; GS,1).

La vida de grup ajuda la persona a expressar els propis sentiments.

RECORDA

– En la **família**, a l'**escola**, amb els **amics** i en l'**entorn social**, la persona aprèn a conviure, a compartir experiències i a participar en la construcció del món.
– L'Església convida a viure els **valors de l'evangeli** enmig del món.

La sexualitat: expressió d'amor

Fisiològicament, l'home i la dona són diferents. També, però, són iguals en dignitat* i en respecte. Ser home o dona no implica superioritat de l'un vers l'altra i viceversa, sinó relació. La **sexualitat** és una de les expressions d'aquesta relació.

En certs ambients socials, la sexualitat es presenta com una activitat adreçada a la recerca del plaer immediat en la qual la relació amb l'altra persona esdevé, sovint, un objecte per a la satisfacció pròpia.

La sexualitat es viu des de l'experiència de l'amor fidel.

En conseqüència, la utilització de la persona com a mer objecte sexual condueix a situacions que la desestructuren i que degraden la dignitat de la persona, com la pornografia, la pederàstia*, la prostitució...

L'ésser humà no pot prescindir de la seva sexualitat. No pot deixar de ser home o dona, ni pot deixar de manifestar-se com a tal. Sí que pot, en canvi, renunciar a les relacions sexuals. Aquest és el cas de les persones que escullen l'estat del **celibat** o de **castedat**. L'opció pel celibat és fruit d'una decisió lliure i madura i una resposta a la crida que Déu fa a algunes persones, com en el cas de preveres i religiosos i religioses consagrats.

Entesa la sexualitat com un do de Déu, l'Església catòlica dóna pautes perquè els creients visquin amb actitud positiva la riquesa de les relacions afectives*.

RECORDA

Per als cristians, la **sexualitat** és un do de Déu, una relació i una comunicació d'amor que es professen un home i una dona.

ACTIVITATS

2.20. Elabora una llista de tres capacitats i limitacions naturals que tenen les persones. Escriu una frase amb cadascuna que defineixi el que caldria fer per utilitzar-les, en el cas de les capacitats, i per superar-les, en el cas de les limitacions.

2.21. En petits grups, busqueu informació i fotografies sobre una organització solidària en favor del desenvolupament i l'educació. Escriviu quins són els seus objectius i les seves accions i confeccioneu un mural.

2.22. En grups, elaboreu un dossier amb textos de cançons que parlin d'amor i relacioneu les lletres segons l'aspecte que tractin: l'amor, el compromís, el plaer, la comunicació...

VOCABULARI

Dignitat. Qualitat de digne, de respectable, de correcte.

Pederàstia. Relació sexual d'un adult amb un menor.

Relacions afectives. Sentiments i emocions que commouen la persona adreçats a una altra persona.

2.3. Amb la natura

La natura és un do que cal conservar per poder gaudir-ne ara i sempre.

Fer un ús indegut de la **natura** o abusar-ne són dues accions que perjudiquen l'equilibri natural i que afecten tota la humanitat i les generacions futures. Cal respectar el medi natural i donar suport a tota iniciativa que el protegeixi.

Una manera de ser més ecològica pot ajudar a viure en harmonia amb la natura: usar el que realment es necessita, utilitzar les energies renovables*, seguir una cultura del reciclatge i la sostenibilitat*, etc.

La persona creient, des de molt antic, descobreix en la natura l'obra creadora de Déu. I per això està convençuda que cal gaudir-ne, preservar-la i admirar-la com a do rebut de Déu.

RECORDA

La persona creient aprèn a gaudir de la **natura**, a preservar-la i a admirar-la com a do rebut de Déu.

VOCABULARI

Energia renovable. Energia que s'obté de fonts inesgotables o que es poden renovar.

Sostenibilitat. Preservació, manteniment o millora de la qualitat dels recursos i l'equilibri natural amb vista al futur.

2.4. Amb Déu (el Transcendent)

La persona ha sentit sempre fascinació pel Transcendent i la seva descoberta.

A la persona sempre l'han fascinat el **misteri** i la seva descoberta, ja sigui el que hi ha dins d'un mateix o en la vida que ens envolta.

Però hi ha un gran Misteri, amb majúscules, que fa que ens preguntem pel *sentit* de tot: de l'existència humana, l'Univers, l'origen de la vida, la mort... A aquest Misteri l'anomenem l'Absolut, el **Transcendent**, Déu.

La humanitat, al llarg de tots els temps i cultures, ha volgut mantenir una estreta relació amb la transcendència, amb la divinitat. Aquesta relació és fruit d'un descobriment progressiu, en l'àmbit personal i en l'àmbit col·lectiu o social.

El fet de preguntar-se sobre «el més enllà» ha possibilitat la recerca i el descobriment de Déu, el Transcendent.

La descoberta i l'acceptació de Déu fan que la persona creient contempli la seva vida personal i la de tota la humanitat des del que anomenem *actitud de fe*.

D'aquesta manera:

– Quan la persona es fa preguntes **s'enriqueix**, perquè descobreix noves possibilitats, nous camins que donen sentit a la seva existència.

– Aquest enriquiment li permet **comprendre** millor l'origen de tota la creació, el perquè de la pròpia existència i la finalitat de la seva vida.

– La comprensió li dóna **saviesa**, és a dir, li permet adequar les seves respostes i actituds de manera positiva.

– La saviesa li obre les portes de la **felicitat**, que, en definitiva, és l'objectiu últim de la seva existència; el creient associa aquesta felicitat a la voluntat expressa de Déu per a tota la humanitat: que la persona sigui un ésser feliç.

La seva relació amb Déu, tant en l'àmbit personal com en l'àmbit comunitari, s'expressa per mitjà de la pregària, de les pràctiques de culte i de la vivència dels valors que es desprenen de la comprensió que té de Déu i de la capacitat de descobrir quina és la seva voluntat.

El creient contempla la vida des de la fe.

ACTIVITATS

2.23. En quins nivells es pot donar el creixement personal i relacional? Explica'ls.

2.24. Per què creus que és important que les persones tinguin autoestima? Raona la resposta.

2.25. En quins quatre grans àmbits se solen relacionar les persones habitualment? Fes-ne un resum en forma d'esquema.

2.26. Busca el text del *Càntic de les criatures*, de sant Francesc d'Assís i digues per què creus que el sant, a tots elements de la Creació i la natura, els anomena germans. Raona la resposta.

2.27. De quina manera col·laborem les persones a conservar i millorar el medi natural?

2.28. Enumera les maneres per les quals les persones es poden relacionar amb el Transcendent.

2.29. Quina és la voluntat expressa de Déu per a la humanitat?

RECORDA

La relació amb Déu ajuda el creient a viure la seva relació amb el proïsme des del **respecte** i la **coresponsabilitat**.

3. Éssers en recerca de felicitat

La felicitat és una experiència viscuda en relació amb els altres.

Des de sempre, la humanitat ha estat en constant **recerca de la felicitat**. Aquesta felicitat s'aconsegueix a base de «petites dosis», és a dir, d'experiències concretes que es viuen de manera gratificant: l'èxit en els estudis o en un projecte, la celebració d'un aniversari, el goig de compartir una experiència d'amistat, un èxit esportiu...

Però no has de confondre la *felicitat* amb el *benestar*. La felicitat és un concepte molt més profund que neix de l'interior de la persona; és una experiència d'harmonia, de seguretat, d'equilibri, d'esperança... És molt difícil ser feliç amb una actitud de ressentiment o d'enuig cap a la vida i els altres. Tampoc no es pot ser feliç si dipositem el nostre cor només en coses materials o en les persones equivocades. I és que les coses materials ens donen benestar, però aquest benestar no té res a veure amb la felicitat.

Com es viu la recerca de la felicitat en el *cristianisme*, l'*islam* i el *budisme*, tres de les grans religions del nostre món?

3.1. La felicitat per al cristianisme

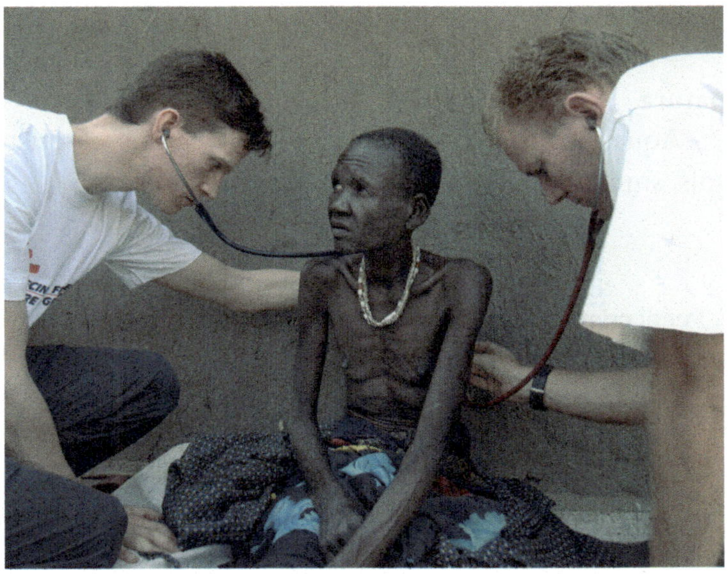

La persona troba la seva felicitat fent feliços els altres.

A la felicitat plena, el cristianisme l'anomena **Regne de Déu**. Per als cristians, aquesta és la seva tasca més important.

L'evangeli és ple de situacions que parlen de servir els altres, d'estar al costat dels febles, de donar la vida pels altres.

Per al cristià, ser feliç no és un estat d'ànim, sinó una actitud constant; per aconseguir-ho, és fonamental:

– Aprendre a gaudir de les coses petites i quotidianes de la vida: la conversa, l'estudi, el lleure, la natura, l'amistat...

– Tenir clar que tota tasca que es fa ha de ser expressió del que la persona pot i sap fer.

– Acceptar les qualitats i les limitacions personals.

– Tenir una actitud positiva davant les persones i les circumstàncies, no provocar problemes i conflictes i saber crear un ambient agradable.

Jesús de Natzaret proposa un programa de vida l'objectiu del qual és transformar la realitat en un *món nou*, on perdurin la justícia, la pau i la felicitat. Els aspectes més importants d'aquest programa són els següents:

– La **senzillesa**: saber viure amb allò que és necessari.

– La **solidaritat***: atendre aquells que, estiguin lluny o a prop, necessiten ajuda per viure amb dignitat.

– La **denúncia**: denunciar les situacions d'injustícia o atacs contra la dignitat de les persones.

– La **confiança**: fer que la gent estigui a gust al costat de l'altre, que s'il·lusioni pel goig de viure.

– L'**esperança**: posar la fe en Déu i disposar-se a afrontar el present amb coratge i el futur amb valentia.

– La **conversió***: millorar i cercar el bé.

– L'**amor**: estimar Déu, que estima les persones tal com són, i estimar els altres.

– L'**harmonia**: gaudir d'una vida més *ecològica*, en equilibri amb la natura.

Aquest món nou, aquest programa de Jesús, els cristians no el viuen sols, sinó que el viuen en comunitat.

L'experiència de la felicitat es descobreix obrint-se als altres i relacionant-s'hi.

RECORDA

Per al **cristianisme**, la felicitat s'aconsegueix des de l'evangeli que proposa Jesús de Natzaret i per la via de l'**obertura i el servei als altres**, especialment als més desfavorits d'aquest món.

ACTIVITATS

2.30. Fes una llista amb 10 propòsits que voldries aconseguir per ser feliç. Després, inventa una recepta de cuina els ingredients de la qual siguin aquests propòsits.

2.31. En petits grups, debateu aquesta qüestió: «Per què els humans, que hem avançat tant, encara estem buscant el que, de fet, ha buscat sempre tota la humanitat?» Després, feu una posada en comú entre tota la classe.

VOCABULARI

Solidaritat. El fet de compartir amb els altres les idees, els propòsits i les responsabilitats.

Conversió. Transformació en una cosa diferent; abandonament dels mals costums o mals comportaments per part d'algú.

3.2. La felicitat per a l'islam

Per al món islàmic, la felicitat es basa a **complir la voluntat d'Al·là**, a través dels cinc pilars o accions que descriu l'Alcorà i la xara o llei islàmica: la professió de fe, l'almoina, la pregària, el ramadà i el pelegrinatge a la Meca.

Complint els cinc pilars i la voluntat d'Al·là, els musulmans el coneixen, el segueixen i enforteixen la seva fe en ell. L'islam* creu que aquest és l'únic camí cap a la felicitat. Per al musulmà, els plaers i la riquesa terrenal tenen menys importància.

La religió islàmica configura la manera de ser i de fer del creient d'una manera total. La pertinença a l'islam es viu dintre del cor de cada creient musulmà. Per a tot bon musulmà, la religió islàmica indica el camí que **garantirà la felicitat completa, la salvació**.

La religió de l'islam va aparèixer cap a l'any 622 dC, dins de la tradició dels pobles que habitaven l'actual península de l'Aràbia.

3.3. La felicitat per al budisme

Per al budisme*, la felicitat està lligada, en primer lloc, a un estat de **pau interior**, un estat que s'aconsegueix a partir de trobar aquesta pau en un mateix.

Pau i felicitat, en el budisme, depenen de la manera com la persona viu les coses en el seu interior i no pas de les circumstàncies que l'envolten. La felicitat s'entén com a superació del sofriment.

«Oh, creients! Feu almoines dels béns que haureu adquirit i dels fruits que hem fet sortir de la terra; no escolliu pas les coses més dolentes, per a les donacions.»

ALCORÀ, II, 267 I 269

«Cada moment és una oportunitat per regar les llavors de felicitat que hi ha en tu. Si desplegues la capacitat de ser feliç en qualsevol entorn, seràs capaç de compartir la teva felicitat amb els altres.»

THICH NHAT HANH
El corazón de las enseñanzas de Buda (traducció)
Oniro

RECORDA

Per a l'**islam**, la felicitat s'aconsegueix **complint la voluntat d'Al·là** i seguint els preceptes de l'Alcorà i la llei islàmica.
Per al **budisme**, s'arriba a la felicitat a mesura que la persona aconsegueix la **pau interior**.

ACTIVITATS

2.32. Formeu grups de tres o quatre alumnes i feu una taula en tres columnes corresponents al cristianisme, l'islam i el budisme. A sota, anoteu-hi els aspectes més importants sobre la felicitat. Remarqueu algun aspecte que pugui ser comú en les tres religions.

VOCABULARI

Islam. Conjunt de pobles i països musulmans que professen la religió musulmana. Aquesta religió té com a norma principal la fe en Al·là.

Budisme. Creences i pràctiques centrades en els ensenyaments de Buda (2500 aC). Els quatre elements que el motivaren a iniciar la seva recerca són: la malaltia, la vellesa, la mort i la inquietud espiritual.

4. Una opció lliure: el celibat

En aquesta unitat didàctica ja hem comentat que hi ha persones que han optat pel **celibat** (pàgina 36). És important que sàpigues que l'opció pel celibat o de viure la **castedat** ha creat una tradició important en el si de l'**Església catòlica** al llarg dels segles i que es concedeix un valor singular a l'elecció d'aquest estil de vida. Aquesta realitat la trobem documentada en el **Nou Testament**:

VOCABULARI

Discerniment. Acció de distingir alguna cosa amb els sentits, especialment amb el pensament.

> *«Hi ha qui no pot casar-se perquè ha sortit així de les entranyes de la mare; a d'altres, els homes els n'han fet incapaços; però n'hi ha que renuncien a casar-se per causa del Regne del cel. Qui ho pugui comprendre, que ho comprengui.»*
>
> MATEU 19,12

L'opció pel celibat és fruit d'una decisió lliure i madura (discerniment*) i una resposta a la crida que Déu fa a algunes persones, com en el cas dels preveres i dels **religiosos i religioses consagrats**. Aquesta opció permet que aquestes persones puguin adreçar tot el seu amor, generós i gratuït, a l'obra evangelitzadora a la qual s'han sentit cridats per Déu.

Sant Joan Baptista de La Salle, sacerdot i fundador dels germans de La Salle, religiosos cèlibes, dedicats a l'educació dels infants.

És possible que hagis sentit parlar d'alguns instituts de vida consagrada, que és com s'anomenen les comunitats formades per religiosos o religioses consagrats, com els germans de La Salle, els jesuïtes, els germans maristes, els germans de sant Joan de Déu, els salesians, els escolapis, les carmelites vedrunes, les filles de la caritat, les germanes hospitalàries...

El text següent correspon a la regla dels germans de La Salle i fa referència a l'opció pel celibat:

> *«Els germans trien el celibat en resposta a la crida de Déu. Viuen aquesta crida progressivament com un desenvolupament humà nascut d'una tendresa envers tothom i, sobretot, envers els pobres.»*
>
> *Regla* dels Germans de les Escoles Cristianes, núm. 28

Moltes persones, de manera semblant als religiosos i religioses consagrats, opten pel celibat o la vida de castedat, per poder dedicar-se en cos i ànima a la construcció del Regne de Déu, a través del servei als altres.

Un pas més

A poc a poc, vas trobant respostes a tota mena de preguntes que et vas fent. Algunes respostes te les proporcionen els pares; altres, l'escola; altres, els mitjans de comunicació: la televisió, la premsa, la ràdio, Internet...; altres, els companys i amics; altres, les vas descobrint tu mateix.

Fer-se i viure com a persona no consisteix solament a respirar, menjar, dormir, fer anys, estudiar, tenir amics, gaudir... Créixer i relacionar-se és un **esforç constant** que cal saber assumir i dirigir convenientment, un esforç que requereix la presència i l'aportació dels altres...

Aquí tens unes pistes que t'hi ajudaran.

Créixer i relacionar-se impliquen un esforç continu.

Si jo fos...
*«**Sortiria** de la meva casa*
per trobar-me amb els necessitats.
***Sortiria** de la meva comoditat*
per ajudar els freturosos.
***Sortiria** de la meva apatia*
per ajudar els qui pateixen.
***Sortiria** de la meva burgesia*
per compartir amb els pidolaires.
***Sortiria** de la meva ignorància*
per conèixer els ignorats.
***Sortiria** del meu enuig*
per trobar-me amb els captaires.
***Sortiria** de la meva actitud de crítica*
per comprendre els qui s'equivoquen.
***Sortiria** de la meva suficiència*
per estar al costat
dels qui no es valen per si mateixos.
***Sortiria** de la meva pressa*
per donar una mica del meu temps.
***Sortiria** de la meva peresa*
per socórrer alguna necessitat.»

Si jo fos...
*«**Aprofitaria** la meva joventut*
per ajudar els ancians i els malalts,
la meva edat,
per guiar els desorientats
i ajudar els febles.
***Aprofitaria** la meva ciència*
per ajudar els ignorants.
***Aprofitaria** el meu afecte*
per acollir els nens.
***Aprofitaria** la meva responsabilitat*
per tenir cura dels abandonats.
***Aprofitaria** la meva rectitud*
per cercar els allunyats.
***Aprofitaria** la meva pau interior*
per reconciliar-me amb els enemics.
***Aprofitaria** el meu amor*
per acollir els qui es troben sols.
***Aprofitaria** la meva vida*
per donar-la a qui la necessita.»

JESÚS MARÍA BEZUNARTEA (OFM)
Si fuera limpio de corazón (traducció)

Síntesi de la unitat

- Els éssers humans som **complexos**, **únics**, **iguals** i, alhora, **diferents**.
- La **consciència** és l'activitat mitjançant la qual la persona es coneix a si mateixa, decideix la seva manera d'actuar en cada moment, valora els seus actes i s'adona de les seves conseqüències.
- Tota persona té el **dret** de viure i desenvolupar-se sense patir cap tipus de manipulació, explotació o agressió contra la seva vida per part de ningú.
- Cal que les persones es **respectin** les unes a les altres. El respecte mutu és una conseqüència del fet que tots els éssers humans neixen amb la mateixa dignitat.
- El fet de viure els valors de la dignitat i el respecte mutu es concreten en actituds **solidàries** i de **promoció de la justícia**.
- El **coneixement** i l'**acceptació** de les pròpies capacitats i limitacions i l'**autoestima** ajuden a la realització personal.
- Jesús ensenya que **conèixer-se** i **estimar-se** un mateix és construir la pròpia persona segons la voluntat de Déu.
- Les **relacions** entre les persones s'estableixen a diferents nivells: amb un mateix, amb els altres, amb la natura i amb Déu.
- L'Església convida a viure els **valors de l'evangeli** enmig del món: en la família, a l'escola, amb els amics i en l'entorn social.
- Una dimensió important en l'aspecte relacional de la persona és la **dimensió sexual**.
- Per als cristians, la **sexualitat** és un do de Déu, una relació i una comunicació d'amor que es professen un home i una dona.
- L'Església catòlica dóna pautes perquè els creients visquin amb actitud positiva la riquesa de les **relacions afectives**.
- La persona creient aprèn a gaudir de la **natura**, a preservar-la i a admirar-la com a do rebut de Déu.
- La relació amb Déu ajuda el creient a viure la seva relació amb el proïsme des del **respecte** i la **coresponsabilitat**.
- La recerca de la **felicitat** ha estat i és una constant en totes les persones i cultures. La major part de religions també proposen un camí per arribar a la felicitat plena.
- La **felicitat** és un concepte molt profund que neix de l'interior de la persona, és una experiencia d'harmonia, de seguretat, d'equilibri i d'esperança.
- Per al **cristianisme**, la felicitat s'aconsegueix des de l'evangeli que proposa Jesús i per la via de **l'obertura i el servei als altres**, especialment als més desfavorits d'aquest món.
- Per a l'**islam**, la felicitat s'aconsegueix **complint la voluntat d'Al·là** i seguint els preceptes de l'Alcorà i la llei islàmica.
- Per al **budisme**, s'arriba a la felicitat a mesura que la persona aconsegueix la **pau interior**.

Activitats de síntesi

2.1. Argumenta o raona l'afirmació següent: «Els éssers humans som únics i complexos, iguals i, alhora, diferents.»

2.2. Fes un esquema que sintetitzi o resumeixi els diferents nivells en què es desenvolupa la capacitat relacional de la persona humana.

2.3. Quines són les afirmacions bàsiques i importants que es poden extreure de l'apartat «La sexualitat: expressió d'amor»?

2.4. Escriu en una columna deu coses que et farien feliç ara. En una altra columna, escriu deu coses que et feien feliç quan eres més petit. N'hi ha de diferents? Per què? Per què creus que el que fa feliç una persona pot canviar amb l'edat?

2.5. Sabries dir alguna característica sobre la persona de Jesús que et sembla apropiada a la teva manera de ser? Raona la resposta.

2.6. Tot dret comporta un deure. Quins serien per a tu els cinc drets, amb els deures corresponents, més importants per a tota persona?

2.7. Fes una redacció breu el títol de la qual sigui «El món que jo voldria».

2.8. Explica breument quin és el principal missatge del text de Jesús María Bezunartea que hi ha en l'apartat «Un pas més».

2.9. Elabora un acròstic. Per fer-ho, escriu catorze definicions relacionades amb la unitat didàctica, la resposta de les quals sigui una sola paraula. Tingues en compte que en l'eix vertical hi ha de figurar l'expressió «dignitat humana». Per exemple: 1. Fet de ser solidari. 2. ...

1					S	O	L	I	D	A	R	I	T	A	T				
2									I										
3									G										
4									N										
5									I										
6									T										
7									A										
8									T										
9									H										
10									U										
11									M										
12									A										
13									N										
14									A										

UNITAT 3

Qui és Jesús?

«I vosaltres, qui dieu que sóc?»

I TU, QUÈ HI DIUS?

3.1. Coneixes alguna dada sobre la vida de Jesús? Quina?

3.2. Sabries expressar breument què és el que presenta Jesús i de quina manera?

3.3. Saps on podem trobar informació sobre la vida i el missatge de Jesús?

3.4. Potser deus haver vist alguna pel·lícula que tracti el tema de Jesús. Què et va semblar? Per què?

3.5. Qui és per a tu Jesús de Natzaret?

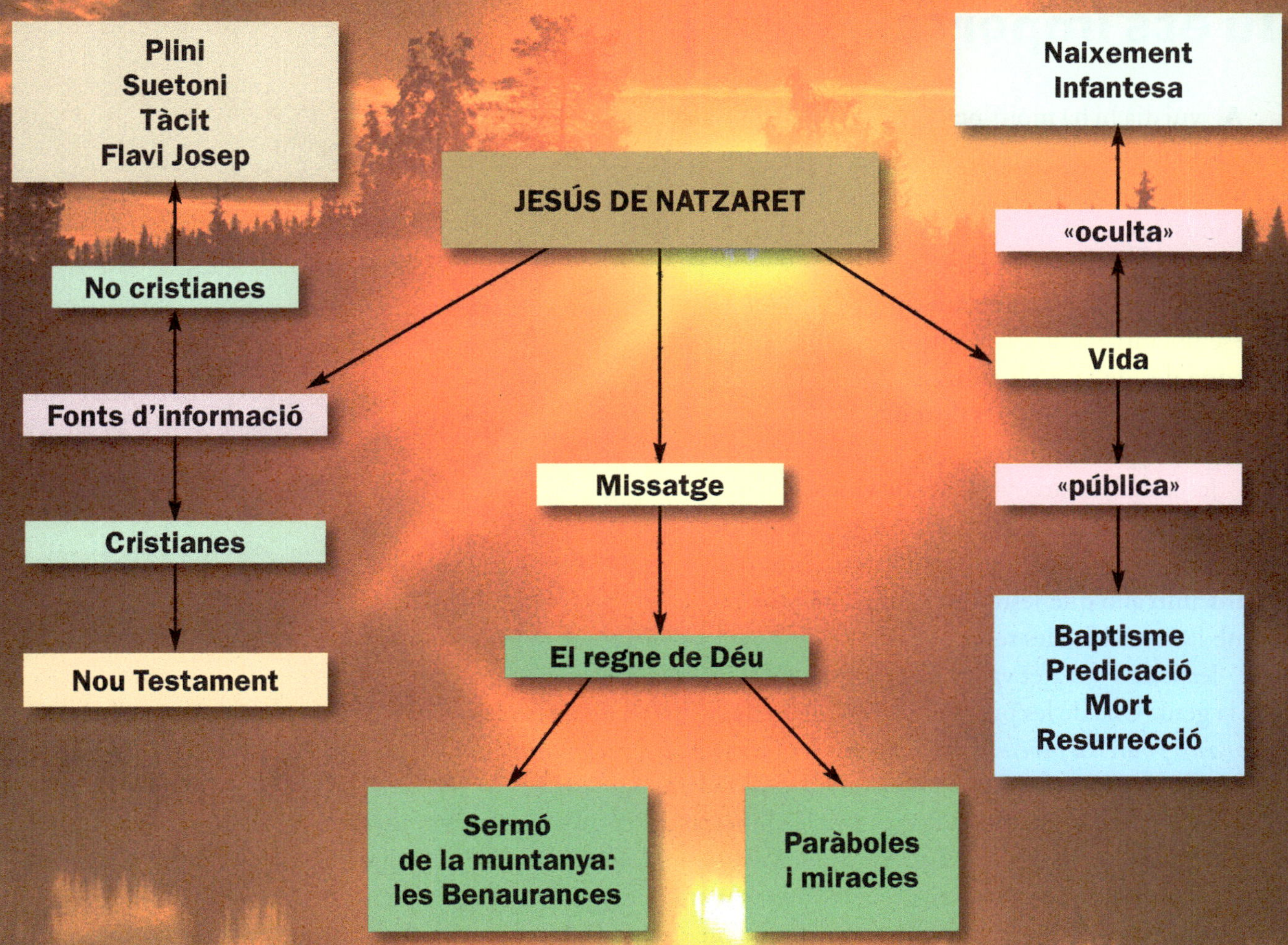

Jesús de Natzaret ha estat potser el personatge més conegut de la història, i ho ha estat per a nombroses persones de moltes generacions i condicions socials. Parlar de Jesús de Natzaret no és una cosa estranya, ni tampoc és una novetat, sinó que és parlar d'algú que de ben segur coneixes o de qui has sentit a dir alguna cosa.

Et presentem, mitjançant aquesta unitat didàctica, **la persona i el missatge de Jesús de Natzaret**. Ho farem a través del que va dir i del que va fer. També descobriràs el contingut del seu missatge i la seva predicació: el **Regne de Déu**.

Jesús ensenyava que Déu és Pare i s'adreçava a Ell com al seu Pare dient-li ***Abba*** («papa»). Això, fins i tot, desorientava els seus seguidors: ningú en aquell temps no s'havia atrevit mai a adreçar-se a Déu amb semblant confiança.

Jesús de Natzaret va ser un jueu de Galilea que va viure proclamant un missatge de pau i va denunciar tota mena de situacions injustes i opressores, l'anomenat *Messies*, aquell qui va mostrar una manera de viure i ser feliç.

Com ho veuen?

Tu ets important

Avui dia hi ha molts personatges importants i famosos que desperten interès i curiositat, fins i tot alguns d'ells omplen les parets de les nostres habitacions o són protagonistes de jocs de les videoconsoles.

És **Jesús de Natzaret** un tipus de personatge semblant? Segurament que no. No hi ha dubte que des de fa moltíssims anys aquest personatge ha generat l'interès de moltes generacions d'infants, joves i adults.

Jesús de Natzaret fa ja més de vint segles que va néixer. Avui els cristians, els seguidors de Jesús, són persones que manifesten viure d'acord amb allò que Jesús de Natzaret va mostrar amb la seva vida i les seves paraules.

Jesús de Natzaret va ser una persona molt senzilla, una persona com tu, que va viure i va sentir com ho fa la gent. Una de les primeres coses que Jesús va dir, en donar-se a conèixer, és que venia *«a portar la bona nova als pobres, a proclamar als captius la llibertat i als cecs el retorn de la llum, a posar en llibertat els oprimits, a proclamar l'any de gràcia del Senyor»* (Lc 4,18-19).

Però Jesús no vol que la bona nova i la llibertat de les quals parla s'imposin per la força; això no tindria res a veure amb el seu projecte. Amb el seu missatge, Jesús pretén sobretot que les persones posin la pròpia vida en sintonia amb Déu i que canviïn la manera de ser i de viure, és a dir, que facin *un canvi de tot cor*. Com deia un eslògan, «Un altre món és possible», de la mateixa manera Jesús proposa una altra societat, una altra persona, un altre cor.

Per entendre una mica més què vol dir això et presentem a continuació una petita història, un conte que et pot ajudar a reflexionar-hi.

El robot que volia ser nen

«Hi havia una vegada un robot que s'avorria de ser màquina. Un dia va sortir al carrer a la recerca d'alguna cosa que el fes feliç. Va veure uns nens i els seus ulls metàl·lics van començar a brillar per dins d'alegria.

—Jo vull ser com vosaltres —va dir a un nen que estava jugant amb una amiga.

—Però tu ets un robot i no tens cor.

—Què haig de fer per tenir cor?

El nen no va respondre. Va fer un gest lleu amb la mà i se'n va anar amb els seus companys cantant i ballant. El robot es va quedar trist i afligit.

Com que no podia suportar tanta tristesa, va anar a les botigues a buscar un cor. Un joier li va treure moltes mostres de cors d'or, tots brillants i resplendents. El robot va triar el més lluent i se'l va penjar al coll. Però, sense saber per què, s'entristia cada cop més.

Aleshores va veure un guàrdia i li va dir:

—Doni'm un cor, senyor guàrdia, que vull ser un nen.

El guàrdia va demanar ajuda i entre tots li van buscar un cor. Era de pedra, bonic i molt ben polit. Però el robot continuava seriós per fora i trist per dins. I algú diu que fins i tot va plorar.

Aleshores, uns nens i nenes se li van acostar cantant. Es va posar dempeus d'un salt, es va netejar les llàgrimes i fent-se el valent els va preguntar:

—No em podríeu donar un cor?

I els nens van començar a cantar:

—Tu ja tens cor. Treu-te la bena dels ulls. Mira el que hi ha al teu costat i posa en la teva vida més amor.

I allà dins, molt endins, va aparèixer, petitet i fràgil, un cor. I tot es va anar emplenant de cant, alegria i amor...»

HERMINIO OTERO

Parábolas para una nueva sociedad: educar en la justicia y en la solidaridad (trad.)

PPC

ACTIVITATS

3.6. Què és el que s'explica en aquest relat?

3.7. Què li passa a cada personatge? Com actuen?

3.8. Qui pot ser «com un robot»? Nosaltres podem ser «com robots»? Quan?

3.9. Què deu voler dir això de «canviar de cor»?

3.10. T'atreveixes a continuar el relat? Com?

3.11. Ezequiel, un profeta, va dir: «*Trauré de vosaltres aquest cor de pedra i us en donaré un de carn.*» Explica quin significat té per a tu aquesta frase.

3.12. Quin és el missatge de Jesús segons el passatge bíblic Lc 4,18-19?

1. Palestina, el país de Jesús

ESTUDIAR

1.1. L'organització geogràfica a Palestina

Jesús va néixer, va viure i va morir al territori que els romans anomenaven **Palestina**. Políticament aquest territori pertanyia a l'Imperi romà. Palestina va ser conquerida per les legions romanes de Pompeu l'any 63 aC.

Quan Jesús va néixer, **Galilea** era una de les regions més riques de Palestina gràcies a les seves terres fèrtils. Era una regió de vinyes, oliveres, cereals i de gent que treballava en diversos oficis, però també era coneguda per les fortes agitacions socials que hi havia en contra de la dominació romana.

A Galilea hi ha el poble de **Natzaret**; allà va ser on va viure Jesús gairebé trenta anys, per això es coneix com a **Jesús de Natzaret**.

Samaria, situada entre les regions de Galilea i Judea, tenia terres fèrtils i era un lloc de pas. Els seus habitants mantenien una certa rivalitat amb la resta d'habitants de Palestina i no eren considerats autèntics israelites, ja que molts d'ells eren descendents d'estrangers.

Judea, al sud, era la regió més poblada. Era una terra pobra i la majoria dels seus habitants es dedicaven al comerç. A Judea hi ha el poblet de **Betlem** i també hi ha la ciutat més important tant en l'àmbit polític com religiós, la capital de Palestina, Jerusalem. A **Jerusalem** hi havia el **temple*** i el **Sanedrí**, presidit pel **gran sacerdot***.

També cal destacar la importància que tenia el riu **Jordà**, que divideix el territori en dues zones. Aquest riu neix al nord, al llac de Tiberíades, i travessa tot el territori de Palestina. Acaba desembocant a la mar Morta. Segons els evangelis, Jesús hi fou batejat.

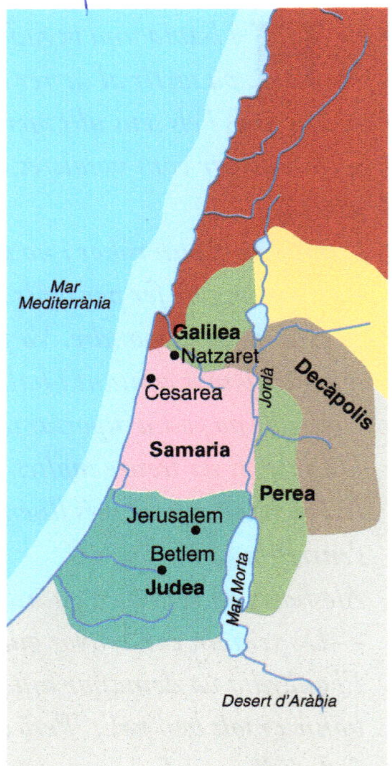

Palestina en temps de Jesús.

RECORDA

Jesús va néixer, va viure i va morir en un país anomenat **Palestina**. La seva capital era **Jerusalem**. **Galilea, Samaria** i **Judea** eren les regions més importants. Jesús va néixer en un poblet anomenat **Betlem** (Judea), però la major part de la seva vida pública la va passar a **Galilea**.

ACTIVITATS

3.13. Busca informació de les tres regions més importants de Palestina (Galilea, Samaria i Judea) i fes-ne un resum amb els trets més rellevants de cadascuna en temps de Jesús.

3.14. Interessa't per conèixer quina és la realitat social, política, religiosa i geogràfica del que avui es coneix com a Israel i situa en un mapa els límits coneguts com l'actual Palestina. Busca informació recent sobre la situació actual que es viu allà i elabora un petit dossier.

VOCABULARI

Temple de Jerusalem. Va ser construït per Salomó a Jerusalem (1Re 6-8). Era el lloc on s'adorava Déu. Va ser destruït i reconstruït.

Gran sacerdot. Cap tradicional del gran sacerdoci. Jutge i organitzador del culte en el temple.

1.2. L'organització religiosa a Palestina

Els romans van respectar la religió, el culte i l'organització sacerdotal dels jueus.

Un **gran sacerdot**, nomenat pels romans, presidia l'organització religiosa. L'ajudaven en les seves tasques tres grups de persones: els col·laboradors del gran sacerdot, els ancians (sobretot gent rica) i els escribes (gent que sabia escriure, mestres de la Llei*.) Es reunien en una assemblea anomenada Sanedrí. Aquest consell controlava totes les activitats dels jueus.

El **Sanedrí** era un tribunal que tenia el control sobre tots els assumptes religiosos i civils. Podia castigar aquells que havien obrat incorrectament, però no estava autoritzat a condemnar a mort. Això només podia ser autoritzat pel poder romà.

El **temple** de Jerusalem era el centre de la vida i del culte del poble d'Israel: era el **lloc de trobada entre Déu i l'home**. També s'hi celebraven sacrificis rituals; és per això que tots els jueus que vivien a Palestina tenien l'obligació d'anar-hi en pelegrinatge un cop a l'any per tal de presentar les seves ofrenes.

La **sinagoga** era un lloc de reunió, d'aprenentatge i de culte. Era com una mena d'escola on els «especialistes» de la Llei hi ensenyaven durant la setmana. El dissabte (el **sàbat***), el dia en què no es treballava, esdevenia lloc de trobada per pregar i per escoltar o comentar la Paraula de Déu: *la Llei i els textos dels profetes*.

El mur de les lamentacions són les restes que queden del temple.

RECORDA

- El **Sanedrí** era un tribunal religiós i civil, presidit pel gran sacerdot.
- El principal lloc de culte era el **temple de Jerusalem**.

ACTIVITATS

3.15. Busca en una enciclopèdia o bé a Internet informació sobre el temple de Jerusalem, digues quines festes s'hi celebraven, fes-ne un dibuix i explica breument cadascuna de les parts que tenia.

3.16. Per què els jueus tenien l'obligació d'anar al temple almenys un cop a l'any?

3.17. En petits grups, investigueu en què consisteix actualment la festa del sàbat que celebra la religió jueva.

3.18. Busca el significat del terme *rabí*. Quina funció té en la comunitat jueva?

3.19. Busca informació sobre les sinagogues, informa't del culte que s'hi practica i esbrina com s'anomena el màxim responsable.

VOCABULARI

La Llei. Nom que generalment designa els cinc primers llibres de la Bíblia, anomenats també Pentateuc o llibre de Moisès.

Sàbat. Setè dia de la setmana hebrea, consagrat a Jahvè, en què s'interromp el treball. Descans religiós que els jueus han d'observar el dissabte.

1.3. La realitat socioreligiosa i política a Palestina

Entre el poble hi havia profundes diferències socioreligioses i polítiques, sobretot pel que fa a l'esperança de la vinguda d'un **Messies*** i a la pràctica de la **Llei de Moisès**. Destaquen quatre grups religiosos representatius d'aquella època:

Coves del Qumran (mar Morta).

– Els **saduceus**: constituïen una minoria de classe alta, aristocràtica, eren membres de famílies de sacerdots. Desconfiaven de l'arribada d'un **Messies** que pogués pertorbar la situació que tenien i es creien els veritables representants del sacerdoci. Controlaven el poder econòmic, social i polític. No gaudien de la confiança del poble, que els rebutjava.

– Els **fariseus**: eren els més estrictes, religiosos i grans especialistes de la **Llei**. Procedien de la classe mitjana. Entenien que la salvació arribava escrupolosament a través de l'observança de la Llei.

– Els **zelotes**: era un grup més restringit, més actiu i més radical. Els zelotes perseguien l'**alliberament** polític del país. Odiaven els estrangers, sobretot els romans. Eren partidaris de la seva expulsió per mitjà de la lluita armada.

– Els **essenis**: vivien al desert, en comunitat (grup). La comunitat més famosa va ser la de **Qumran***. Hi havia famílies que hi portaven els seus fills perquè fossin educats. No acceptaven el temple ni el seu sacerdoci.

Els **marginats** configuraven una realitat majoritària socioreligiosa: «el poble», els samaritans (rebutjats pels jueus), els publicans (recaptadors d'impostos), els malalts, les dones, els rodamons, els pastors, els gentils (aquells que no pertanyien al poble d'Israel)...

RECORDA

Els principals grups religiosos d'aquella època eren els **saduceus**, els **fariseus**, els **zelotes** i els **essenis**.

ACTIVITATS

3.20. En quina Llei es basava la pràctica religiosa a Palestina? En què consistia l'esperança religiosa del poble?

3.21. Fes un quadre en què apareguin els diversos grups religiosos que hi havia a Palestina en temps de Jesús de Natzaret. Busca informació complementària sobre aquests grups i amplia el quadre amb algun altre grup minoritari que no surti en el llibre.

VOCABULARI

Messies. Significa «l'ungit». És l'enviat de Déu que havia de portar als homes la salvació promesa. Jesús és el Messies promès enviat per Déu (Jn 20,31).

Qumran. Ruïnes descobertes l'any 1947 situades a prop de la mar Morta. Hi va viure una important comunitat dels essenis. A les seves coves van ser trobats diversos manuscrits dins de gerres, els quals contenien textos bíblics.

2. Jesús de Natzaret

Per conèixer la vida i el missatge de Jesús, historiadors, especialistes i creients es basen en quatre **fonts d'informació**:

– La **història civil romana**, amb historiadors com Flavi Josep, Tàcit, Suetoni i Plini, que parlen, en els seus escrits, d'un nou moviment religiós fundat per un tal Jesús.

– La **literatura jueva de l'època**, amb escrits del segle I dC.

– Els **descobriments arqueològics**, que permeten conèixer llocs relacionats amb la vida de Jesús.

– Els escrits del **Nou Testament**, la font més important, escrita després de la mort i la resurrecció de Jesús pels seus seguidors i deixebles.

Els evangelis ens narren els aspectes més significatius de la vida i el missatge de Jesús.

2.1. La vida de Jesús

Un dia, en temps de l'emperador romà Tiberi, aparegué a la remota **Galilea** un home singular anomenat **Jesús** (en hebreu, *Jesús* vol dir «Déu salva»). La seva figura podia semblar la d'un dels antics profetes que parlaven de part de Déu als homes, els demanava penediment pels seus pecats i els exhortava* a convertir-se.

Jesús havia nascut a **Betlem**, però la major part de la seva vida la va passar a **Natzaret**. En els **evangelis** no s'hi explica gaire què és el que Jesús va fer abans de la seva **vida pública** (cap als trenta anys), i hi són escasses les referències a la seva infantesa i adolescència.

El seu primer acte públic*, al marge de la breu **anada al temple** de Jerusalem quan tenia dotze anys (Lc 2,41-52), fou el seu **baptisme** (Mc 1,9-11; Lc 3,21-22; Jn 1,32-34). Es va fer batejar per Joan Baptista. Va ser amb aquest fet i, posteriorment, amb els dies que Jesús va passar al desert que podem dir que s'inicia la seva **«vida pública»**, que va durar entre dos i tres anys.

«Per aquells dies, Jesús vingué de Natzaret de Galilea i fou batejat per Joan en el Jordà.» (Mc 1,9)

VOCABULARI

Exhortar. Induir algú a fer o deixar de fer alguna cosa.

Acte públic. Esdeveniment que es produeix davant la mirada dels altres i no en privat i que té una certa transcendència.

RECORDA

Amb el seu **baptisme** Jesús inicia la seva vida pública.

Aquesta etapa va tenir **dues parts** diferents: la primera, de desplaçaments i contactes, sobretot a la regió de Galilea, on predicava a les multituds i on va crear el petit grup de **deixebles**; la segona, el que s'anomena **llarg viatge cap a Jerusalem**, dedicada a la formació dels seus deixebles, l'enfrontament amb el judaisme oficial i el seu judici, la seva mort i la seva resurrecció.

El seu **missatge** tenia un to diferent. Jesús parlava en nom de Déu, i deia:

– Que havia arribat l'hora d'una **nova època**.

– Que amb Ell començava el **Regne de Déu**, una nova forma de viure basada en el reconeixement de Déu com a **Pare** de tots.

– Que el que Déu Pare volia és que hi hagués una **fraternitat*** efectiva (estimar-se els uns als altres), que l'**amor entre tots els homes** fos una realitat.

Jesús se sent un home **lliure**:

– **Parla**, discuteix, comparteix, viu... al costat de la gent i, especialment, al costat dels qui seran els seus deixebles, homes escollits entre la classe més humil de la societat.

– Es **manifesta** com a Messies. Diu, clarament i sovint, que Ell ha vingut a complir la voluntat de Déu i que aquesta voluntat és la veritable justícia i la veritable pau.

Adherir-se* a Jesús voldrà dir participar de forma activa en aquesta nova realitat; seguir-lo voldrà dir col·laborar i comprometre's en la tasca de fer present i anunciar arreu el Regne de Déu.

Jesús s'acosta a les persones i demostra que el Regne que Ell proclama és **per a tots igual**. Aquesta igualtat Jesús la proclama no solament amb paraules, sinó també amb *gestos i fets*. És un home disponible per a tots, ja que no ha vingut a ser servit, sinó a servir (Mc 10,45).

Els **evangelis** ens presenten un Jesús al costat dels pobres, els marginats, els infants, les dones... No busca fama, ni diners, ni seguretat, ni poder. Jesús parla per a tothom, per a tot aquell qui vol escoltar-lo.

VOCABULARI

Fraternitat. Estimació i entesa entre germans o entre els qui es tracten com a tals. Germanor.

Adherir-se. Manifestar-se algú d'acord amb una idea, una doctrina, etc.

Part de la vida de Jesús és un llarg viatge cap a Jerusalem.

RECORDA

– Jesús escull un grup de **deixebles**.
– A través dels evangelis es descobreix la **persona** i el **missatge** de Jesús.

2.2. Jesús i la Llei

Les autoritats jueves no van voler reconèixer Jesús com a Messies, l'enviat de Déu, i la seva manera de fer i d'actuar va provocar molts enfrontaments amb persones i institucions de l'època. El conflicte entre Jesús i la Llei jueva es pot resumir en els punts següents:

– Jesús **no accepta** la manera d'entendre la relació de les persones amb Déu que transmeten les autoritats religioses: es donava excessiva rellevància al compliment estricte de la Llei. Jesús diu que l'única llei que cal complir és la llei de l'amor entre les persones. Jesús dóna un nou manament: *«que us estimeu els uns als altres tal com jo us he estimat»* (Jn 13,34).

– Jesús **treu importància** al temple en favor de la persona. Anuncia que Déu és Pare, que estima tota la humanitat, fins i tot els *estrangers* i els *pecadors*.

Jesús anuncia la bona notícia.

– Jesús **trenca els esquemes*** que hi havia prefixats* sobre la imatge i el comportament del Messies esperat: un alliberador que aconseguirà que el poble sigui lliure i poderós. Jesús parla de pau, de donar a cadascú allò que li és just, de ser servidor dels altres...

Aquesta manera de parlar, de viure i d'entendre la relació amb Déu i amb els altres va fer que Jesús de Natzaret fos jutjat, condemnat i clavat en una creu romana, on va morir. Els evangelis diuen que tres dies després de ser enterrat va ressuscitar, va ser vist per una multitud i poc després va marxar cap a la presència de Déu.

ACTIVITATS

3.22. De què parlava Jesús?

3.23. Quins dos esdeveniments inicien el que s'anomena «vida pública de Jesús»?

3.24. Què vol dir l'expressió «adherir-se a Jesús»?

3.25. Per a qui és el Regne que proclama Jesús?

3.26. Com es concreten el conflicte i l'enfrontament entre el poder jueu i Jesús de Natzaret?

3.27. Explica què vol dir Jesús quan diu la frase següent: *«que us estimeu els uns als altres tal com jo us he estimat»*.

3.28. Quina va ser la conseqüència de l'actitud de Jesús?

3.29. Busca el significat de la paraula *Messies*.

RECORDA

Per a Jesús:
– La **persona** és més important que la Llei i el culte al temple.
– Tota relació es basa en l'**estima** i el **servei** als altres.

VOCABULARI

Trencar els esquemes. Modificar una idea preconcebuda.

Prefixat. Preconcebut, concebut per endavant, sense tenir en compte l'experiència.

2.3. La mort de Jesús

Jesús de Natzaret va morir a la creu.

Els problemes i els conflictes amb els diversos poders, el religiós i el polític, cada cop van ser més greus i, finalment, Jesús va ser jutjat i **condemnat a morir** a la creu. Jesús va acceptar voluntàriament la mort. No va fugir. No es va defensar. No va modificar el seu missatge. Jesús considerava la mort no pas com un final, sinó com la *culminació de tot el que havia estat, havia fet* i *havia viscut*.

Els evangelistes narren els últims esdeveniments de la vida de Jesús en diferents passatges:

– És denunciat per Judes Iscariot, un dels seus apòstols; és detingut a l'hort de Getsemaní la nit d'un dijous; és jutjat i acusat de blasfem, d'agitador polític contra Roma; és condemnat a la pena capital* per Ponç Pilat, i és clavat en una creu la vigília de la festa de la Pasqua jueva (Lc 22,47).

– A la creu sembla com si Jesús fos un vençut: sol, abandonat de tothom, moribund; només algunes dones l'acompanyen de lluny; quan el dolor el sotragueja i l'atordeix, exclama: «*—Eloí, Eloí, lemà sabactani?*—que vol dir: "*Déu meu, Déu meu, per què m'has abandonat?*"» (Mc 15,34). Els deixebles no saben què han de fer, tenen por, estan preocupats, presoners de les pròpies limitacions, que el desenllaç dramàtic de Jesús fa més evidents, i l'abandonen.

– Jesús mor dient aquestes paraules: «*Pare, confio el meu alè a les teves mans.*» (Lc 23,46)

RECORDA

Jesús va viure per als altres fins a l'últim alè de la seva vida.

VOCABULARI

Pena capital. Pena de mort. Pena màxima que priva la vida d'una persona.

ACTIVITATS

3.30. Com considera Jesús la seva mort?

3.31. Quines són les acusacions que recauen sobre Jesús?

3.32. Quines van ser les últimes paraules de Jesús abans de morir?

2.4. La resurrecció de Jesús

El tercer dia de la mort de Jesús, un missatger de Déu anuncia a un grup de dones que Jesús ha ressuscitat i els deixebles tornen a veure Jesús, fins i tot amb les nafres de la seva passió al cos.

Se'ls fa present i ells el reconeixen, tot i que té una **condició diferent** de la d'aquell amb qui havien compartit vida, camí i experiències significatives.

Jesús de Natzaret ha vençut la mort i ha aconseguit una vida que mai no s'acaba: la **vida definitiva, salvadora i alliberadora** al costat de Déu.

Quin significat té la **resurrecció** de Jesús per als cristians?

– És el fet més important de la fe cristiana. La seva celebració s'anomena **Pasqua cristiana***.

– Recupera definitivament l'**amistat entre Déu i els homes**.

– És l'inici d'una **nova humanitat**, d'una nova manera de ser persona.

– És l'acompliment de l'esperança cristiana: **dolor i mort no són l'última paraula**.

– Converteix el cristià en un **testimoni de fe** per a tothom.

La resurrecció de Jesús és el nucli de la fe cristiana.

RECORDA

El nucli fonamental de la fe cristiana neix del record i la celebració de la resurrecció de Jesús, la **Pasqua**.

ACTIVITATS

3.33. Investiga com van ser el procés i la mort de Jesús. Pots consultar el capítol 15 de l'evangeli de Marc. Fes un treball, individualment o en grup, sobre aquests temes i presenta'l a la resta de companys.

3.34. Consulta el fragment bíblic Mc 14,10-65. Fes-ne una síntesi seguint els subapartats que t'indiquem tot seguit: els preparatius del sopar pasqual, l'anunci de la traïció de Judes, l'últim sopar, l'anunci de les negacions de Pere, la pregària de Jesús a Getsemaní, la detenció de Jesús i Jesús al Sanedrí.

3.35. En el capítol 16 de l'evangeli de Marc s'expliquen els fets corresponents a la resurrecció de Jesús. Llegeix-los i fes-ne una reconstrucció en forma de vinyetes.

3.36. Per què es diu que la resurrecció de Jesús és el fet més important per als cristians?

VOCABULARI

Pasqua cristiana. Festa més antiga i més gran del calendari cristià en què se celebra la resurrecció de Crist tres dies després d'haver estat crucificat. Té lloc el diumenge que tanca la Setmana Santa i constitueix el punt central de l'any.

2.5. Alguns dels títols que es donen a Jesús

«Aquest és el meu fill, el meu elegit, escolteu-lo.» (Lc 9,35)

El punt més important de la fe cristiana el trobem en l'afirmació que diu que Jesús ressuscitat és el Fill de Déu. Però no va ser fins més endavant que, de forma progressiva, els mateixos deixebles van arribar veritablement a comprendre tota la significació de qui era realment Jesús. Els títols que es donen a Jesús reflecteixen allò que els seus deixebles han anat comprenent de Jesús, un cop ha ressuscitat:

– **Jesús és el Crist**, que significa «ungit», traducció del mot hebreu *Messies.* Aquest títol recorda la cerimònia que es feia per a la coronació dels reis: eren ungits íntegrament amb oli, com a signe de la força que rebien de Déu.

Fou el títol aplicat a Jesús amb més freqüència. Els cristians hi fan referència i en parlen sovint mitjançant l'expressió *Jesucrist,* que sintetitza la personalitat de Jesús: Jesús com a home entre els homes i Crist, l'enviat de Déu.

– **Jesús, el Senyor**, és la fórmula més antiga amb què els primers cristians donaven a Jesús una «categoria» de divinitat.

En l'Antic Testament, aquest títol era usat per traduir el nom de Jahvè. Per això, dir a Jesús *Senyor* és situar-lo al mateix nivell que Déu. Expressava, doncs, la filiació divina de Jesús. Jesús és el Senyor del món i de la història.

És sobretot l'apòstol Pau qui dóna a Jesús el títol de *Senyor*.

– **Jesús és el Fill de Déu**, és la manifestació expressa de la seva personalitat, especialment a partir de la resurrecció.

La fe cristiana afirma que Jesús ressuscitat és el **Fill de Déu**.

L'Església, a partir del Nou Testament, expressa aquesta fe en Jesús buscant fórmules que expliquin millor qui és Jesús: «*I vosaltres, qui dieu que sóc?*» (Mt 16,15).

RECORDA

Els títols més importants que es donen a Jesús són: el **Crist**, el **Senyor** i el **Fill de Déu**.

Els cristians coneixen i professen la seva fe en Jesús.

ACTIVITATS

3.37. Pensa un títol que tu posaries a Jesús i justifica la teva resposta.

3. El missatge del Regne: paraules i signes

3.1. Jesús parla de Déu

Jesús s'adreça a Déu com el seu Pare i li diu ***Abba***, paraula familiar aramea que denota una intimitat molt peculiar. Els seus seguidors estaven desorientats: ningú no s'havia atrevit mai a adreçar-se al Senyor amb una confiança com aquesta.

És per això que Jesús...

– **Actua en nom de Déu**, com a presència de Déu mateix entre els homes.

– Es presenta acollint, en nom de Déu, els exclosos de la societat: els pecadors, les prostitutes, els malalts, els marginats.

Jesús, reconegut com a **Emmanuel**, *Déu amb nosaltres*, trenca tots els esquemes humans sobre un Déu llunyà, dominador i justicier. Revela el veritable rostre de Déu Pare, manifestat en les actituds següents:

– D'acollida.
– De perdó.
– De solidaritat.
– D'amor gratuït, fidel i incondicional.

Per als cristians, treballar per al Regne de Déu consisteix a:

– Sentir-se cridat a **viure** l'evangeli de forma lliure, com una opció de vida i de compromís amb Déu, amb un mateix, amb els altres i amb el món.

– Tenir present que és **Déu** mateix qui surt a trobar l'home.

– Ser **testimoni** amb **esperança** d'allò que Jesús proclama, sobretot, a partir de les Benaurances (l'autèntica felicitat).

– Viure amb l'**Amor** com a distintiu. Només aquest Amor és capaç de fer homes lliures, pacífics, compassius... Diu Jesús: «*Us dono un manament nou: que us estimeu els uns als altres tal com jo us he estimat. Així, doncs, estimeu-vos els uns als altres. Tothom coneixerà que sou deixebles meus per l'amor que us tindreu entre vosaltres.*» (Jn 13,34-35)

Manifestació de l'amor i la misericòrdia de Déu.

En les relacions amb els altres, els cristians fan present el seu testimoni de creients i la seva fe en Jesús.

ACTIVITATS

3.38. Què entens per opció de vida? Per què diem que l'evangeli ho pot ser?

3.39. En nom de qui actua Jesús? Com ho fa?

3.2. Les paràboles

Per ensenyar i donar a conèixer el missatge del Regne de Déu, Jesús explicava **paràboles**. La paràbola és una narració que utilitza imatges de la vida de cada dia, de la família, del camp, de la feina, de la societat..., és a dir, del món i de l'experiència que coneixien i vivien la gent de l'època. Jesús utilitza aquest **gènere literari*** per anunciar a tothom el missatge del Regne de Déu.

El llenguatge i el tema de les paràboles són molt senzills. Els que les escoltaven se sentien interpel·lats sobre la seva persona i sobre la seva vida.

VOCABULARI

Gènere literari. Cadascuna de les manifestacions formals de les obres literàries que té en compte la forma, l'estructura i el contingut. En la Bíblia hi trobem diversos gèneres literaris.

«Les paràboles porten a aquells que les escolten a tenir un punt de vista i conviden a prendre una decisió i a efectuar un canvi en els comportaments i les actituds de les persones. El missatge de les paràboles té la intenció de fer reaccionar aquell que l'escolta i accentuar l'ensenyament sobre determinats aspectes de la vida cristiana.»

Bíblia Catalana Interconfessional, BCI

La majoria de les paràboles de Jesús les trobem en el capítol 13 de l'evangeli de Mateu: la *paràbola del sembrador*, la *paràbola del blat i el jull*, la *paràbola del gra de mostassa*, la *paràbola del llevat*, la *paràbola del tresor amagat*... També trobem altres paràboles en l'evangeli de Lluc, com la *paràbola del fill pròdig* (Lc 15,11-32) la *paràbola del ric i Llàtzer*, la *paràbola dels convidats al banquet*, la *paràbola de l'ovella perduda*...

La paràbola utilitza imatges de la vida del camp.

ACTIVITATS

3.40. Busca la paràbola del fill pròdig (Lc 15,11-32) i llegeix-la. Identifica-hi els trets més significatius i esbrina quin deu ser el missatge que vol transmetre.

3.41. Explica alguna altra paràbola que coneguis i interpreta'n el significat.

RECORDA

La **paràbola** té com a objectiu fer que les persones reflexionin, descobreixin qui és Déu i coneguin els valors del Regne.

3.3. Els miracles

Igual que les seves paraules, els actes de Jesús també són importants. Molts d'aquests actes, gràcies al seu efecte extraordinari, s'anomenen **miracles**. Així:

– Els miracles a **favor de persones** que no pertanyen al poble jueu manifesten que Jesús és salvador de tots els homes i dones.

– Els miracles a **favor de dones** —marginades en la societat jueva— manifesten que per a Jesús totes les persones tenen la mateixa categoria.

– Les **guaricions fetes en dissabte** exemplifiquen la posició de llibertat davant la llei jueva del descans.

– Les **guaricions de cecs i paralítics** mostren que la salvació ha arribat als malalts i als pobres.

– La **multiplicació dels pans i els peixos** és un signe del Regne de Déu. El Regne és un banquet on es comparteix i es viu la fraternitat.

Les accions i els gestos de Jesús donen testimoni que Déu és salvació per als oprimits.

L'esquema que solen seguir els diferents relats dels miracles és el següent:

– **Descripció** de la persona malalta o necessitada: naturalesa del seu mal, gravetat i circumstàncies.

– **Encontre** personal amb Jesús: petició explícita o implícita perquè hi intervingui i manifestació de la fe de la persona malalta o d'altres.

– **Paraules i gestos** de Jesús.

– **Resultat**: comprovació del miracle.

– **Reacció** personal o popular.

ACTIVITATS

3.42. Quins són els dos mitjans que Jesús utilitza per donar a conèixer el Regne de Déu? Podries definir-los?

3.43. Llegeix el miracle de l'home curat en dissabte (Mc 3,1-6). On passa el guariment? Quines són les accions de Jesús? Quina intencionalitat pot tenir que s'esdevingui en dissabte?

3.44. Busca algun altre miracle i identifica-hi les parts de què consta segons el que s'ha explicat més amunt.

RECORDA

Els **miracles** són actes extraordinaris fets per Jesús. Tots els miracles de Jesús estan al servei de la persona: curen, perdonen, alliberen...

3.4. Les Benaurances

El tema de la felicitat és un dels que més ha preocupat les persones de tots els temps. Sentir-se feliç significa experimentar la vida de veritat, significa que la persona pot ser ella mateixa... En les **Benaurances** Jesús presenta el seu camí, un camí perquè cada persona pugui aconseguir la veritable felicitat.

Després d'escollir els dotze apòstols, Jesús proclama els valors humans que són veritables, els únics que poden arribar a omplir de felicitat la persona. Aquells que lliurement els vulguin acollir i els posin en pràctica seran autèntics seguidors de Jesús.

En els evangelis hi ha dues versions de les Benaurances: Mt 5,1-12 i Lc 6,20-26. Vegem el text de Mateu:

«En veure les multituds, Jesús pujà a la muntanya, s'assegué, i se li acostaren els deixebles. Llavors, prenent la paraula, començà a instruir-los dient:

—Feliços els pobres en l'esperit: d'ells és el Regne del cel!

»Feliços els qui ploren: Déu els consolarà!

»Feliços els humils: ells posseiran la terra!

»Feliços els qui tenen fam i set de ser justos: Déu els saciarà!

»Feliços els compassius: Déu se'n compadirà!

»Feliços els nets de cor: ells veuran Déu!

»Feliços els qui treballen per la pau: Déu els anomenarà fills seus!

»Feliços els perseguits pel fet de ser justos: d'ells és el Regne del cel!

»Feliços vosaltres quan, per causa meva, us insultaran, us perseguiran i escamparan contra vosaltres tota mena de calúmnies! Alegreu-vos-en i celebreu-ho, perquè la vostra recompensa és gran en el cel. També així van perseguir els profetes que us han precedit.»

MATEU 5,1-12

RECORDA

Les **Benaurances**:
- Són una síntesi del missatge de Jesús.
- Proposen un model de ser persona d'acord amb els valors del Regne de Déu.

ACTIVITATS

3.45. Tria dues de les Benaurances que hi ha en el text de Mateu i busca dues notícies de l'actualitat a les quals podries aplicar el text. Justifica la teva elecció.

3.46. Elabora quatre benaurances que puguin ser aplicades a la nostra societat actual.

Un pas més

Jesús de Natzaret...

«Va néixer en un poblet, fill d'una dona del camp.
Va créixer en un altre poblet on va treballar de fuster
fins que va tenir trenta anys.
Després, i durant tres anys, va ser predicador ambulant.
Mai no va escriure cap llibre. Mai no va tenir un càrrec públic.
Mai no va tenir família o casa. Mai no va anar a la universitat.
Mai no va viatjar a més de tres-cents quilòmetres del seu lloc de naixement.
Mai no va fer res del que s'associa amb la grandesa.
No tenia més credencials que ell mateix.
Només tenia trenta-tres anys quan l'opinió pública
es va tornar en contra seu.
Els seus amics l'abandonaren.
Va ser entregat als seus enemics, i en van fer mofa en un judici.
Va ser crucificat entre dos lladres.
Mentre agonitzava, els botxins es van jugar els seus vestits,
l'única possessió que tenia.
Quan va morir, fou enterrat en una tomba prestada per un amic.
Han passat vint segles, i avui és la figura central del nostre món,
factor decisiu del progrés de la humanitat.
Cap dels exèrcits que van marxar,
cap de les armades que van navegar,
cap dels parlaments que es van reunir,
cap dels reis que van regnar,
ni tots ells junts, no han canviat tant la vida de l'home a la terra
com aquesta Vida solitària.»

POEMA ANÒNIM

Reis o savis?

«Després que Jesús va néixer a Betlem de Judea, en temps del rei Herodes, vingueren uns savis d'Orient [...].

[...] Herodes cridà en secret els savis, va demanar-los el moment exacte en què se'ls havia aparegut l'estrella i els encaminà a Betlem dient-los:

—Aneu i informeu-vos amb exactitud d'aquest infant; i quan l'haureu trobat, feu-m'ho saber, perquè jo també pugui anar a adorar-lo.

Després de sentir aquestes paraules del rei, es posaren en camí. Llavors l'estrella que havien vist sortir començà a avançar davant d'ells, fins que s'aturà damunt el lloc on era l'infant. L'alegria que tingueren en veure l'estrella va ser immensa. Van entrar a la casa, veieren el nen amb Maria, la seva mare, es prostraren a terra i el van adorar. Després van obrir les seves arquetes i li oferiren presents: or, encens i mirra. I, advertits en somnis que no anessin pas a veure Herodes, se'n tornaren al seu país per un altre camí.»

MATEU 2,1-12

Síntesi de la unitat

- Jesús va néixer, va viure i va morir en un país anomenat **Palestina**, la seva capital era la ciutat de **Jerusalem**. **Galilea**, **Samaria** i **Judea** eren les regions més importants. Jesús va néixer en un poblet anomenat **Betlem** (Judea), encara que la major part de la seva vida pública la va passar a **Galilea**.

- La religió jueva, basada sobretot en la **Llei de Moisès** i en els escrits dels **profetes**, girava a l'entorn de dues grans institucions: el gran **temple** de Jerusalem i la **sinagoga**.

- El **Sanedrí** era un tribunal religiós i civil presidit pel gran sacerdot.

- Entre el poble hi havia profundes diferències socioreligioses i polítiques. Els dos grups amb més pes eren els **saduceus** i els **fariseus**; després n'hi havia altres de no tan representatius, els **zelotes** i els **essenis**.

- Jesús va cridar d'entre la gent un petit grup, aquells que Ell va voler: els **deixebles**. Els va animar a recórrer el seu mateix camí i a complir la seva **missió**.

- Una lectura atenta dels **evangelis** ens permet descobrir els trets més significatius de la **vida** de Jesús i, el que és més important, allò més fonamental i rellevant del seu **missatge**: el **Regne de Déu**. Un missatge que tenia com a destinataris els més **pobres** i **senzills** i que convidava tothom a seguir-lo.

- Jesús deia que era arribada l'hora d'una **nova època**, que amb Ell començava el **Regne de Déu**, una nova forma de viure dels homes basada en el reconeixement de Déu com a **Pare** de tots.

- Jesús afirmava que el que Déu volia era que hi hagués una **fraternitat** efectiva (que s'estimessin els uns als altres), que **l'amor entre tots els homes** fos una realitat.

- Per a Jesús, la **persona** és més important que la llei i el culte al temple, i tota relació es basa en l'**estima** i el **servei** als altres.

- El conflicte entre Jesús, la Llei jueva i la justícia romana va portar Jesús a ser acusat de blasfem i a ser condemnat a **morir en una creu**. Jesús va viure per als altres fins a l'últim alè de la seva vida.

- El nucli fonalmental de la fe cristiana neix del record i la celebració de la resurrecció de Jesús, la **Pasqua**.

- Els títols més importants que es donen a Jesús són: el **Crist**, el **Senyor** i el **Fill de Déu**.

- La **paràbola** té com a objectiu fer que les persones reflexionin, descobreixin qui és Déu i coneguin els valors del Regne.

- Els **miracles** són actes extraordinaris fets per Jesús. Tots els miracles de Jesús estan al servei de la persona: curen, perdonen, alliberen...

- Les **Benaurances** són una síntesi del missatge de Jesús i proposen un model de ser persona d'acord amb els valors del Regne de Déu.

Activitats de síntesi

3.1. Dibuixa un mapa d'Israel i situa-hi aquestes regions i poblacions:

Galilea – Judea – Jerusalem – Betlem – Samaria – Natzaret

3.2. Relaciona els noms de les dues columnes:

Jerusalem	Minoria de classe alta, aristocràcia
Saduceus	Marginats
Fariseus	Qumran
Essenis	Especialistes de la Llei
Samaritans	Temple

3.3. Copia i completa el text següent amb aquestes paraules:

Jesús – miracles – paràboles – Regne de Déu – morir
evangelis – Benaurances – ressuscitar – vida pública

– Els .... ens narren la .... de ....
– Jesús ens parla del .... i ho fa sobretot utilitzant com a mitjà les .... i els
– Les .... són el projecte de l'autèntica felicitat que Jesús ens proposa.
– Els qui no estimaven Jesús van fer el possible perquè aquest fos jutjat i clavat en una creu, on va .... Però al tercer dia Déu el va ....

3.4. Explica el perquè del conflicte entre Jesús i la Llei jueva a partir d'aquests tres punts:

– Relació amb Déu.
– Importància del temple.
– Imatge del Messies.

3.5. Explica quines implicacions tenen cadascun dels diferents títols que es donen a Jesús.

– Crist.
– Senyor.
– Fill de Déu.

3.6. Fes un paral·lelisme entre les Benaurances de Jesús i alguns esdeveniments dels nostres dies. Pots buscar fotografies actuals que l'il·lustrin.

3.7. Busca el significat de les paraules següents en un diccionari o una enciclopèdia: *Israel*, *Palestina*, *temple*, *cristià*, *Església*, *creu*, *resurrecció*.

3.8. Com és el Déu del qual ens parla Jesús?

UNITAT 4

Comunitats de vida

On? Quan? Qui? Per què?

I TU, QUÈ HI DIUS?

4.1. Què entens per comunitat? Com definiries una comunitat cristiana?

4.2. Sabries expressar breument què és una església i per a què serveix?

4.3. El mot *església* de vegades s'escriu amb majúscula inicial i de vegades amb minúscula. Quina és la diferència de significat entre ambdós mots?

4.4. Què és la solidaritat? Et diu alguna cosa el nom de Càritas?

4.5. Saps per què els cristians consideren que el matrimoni és important?

4.6. Saps què són els sagraments? Has participat mai en una celebració de sagraments?

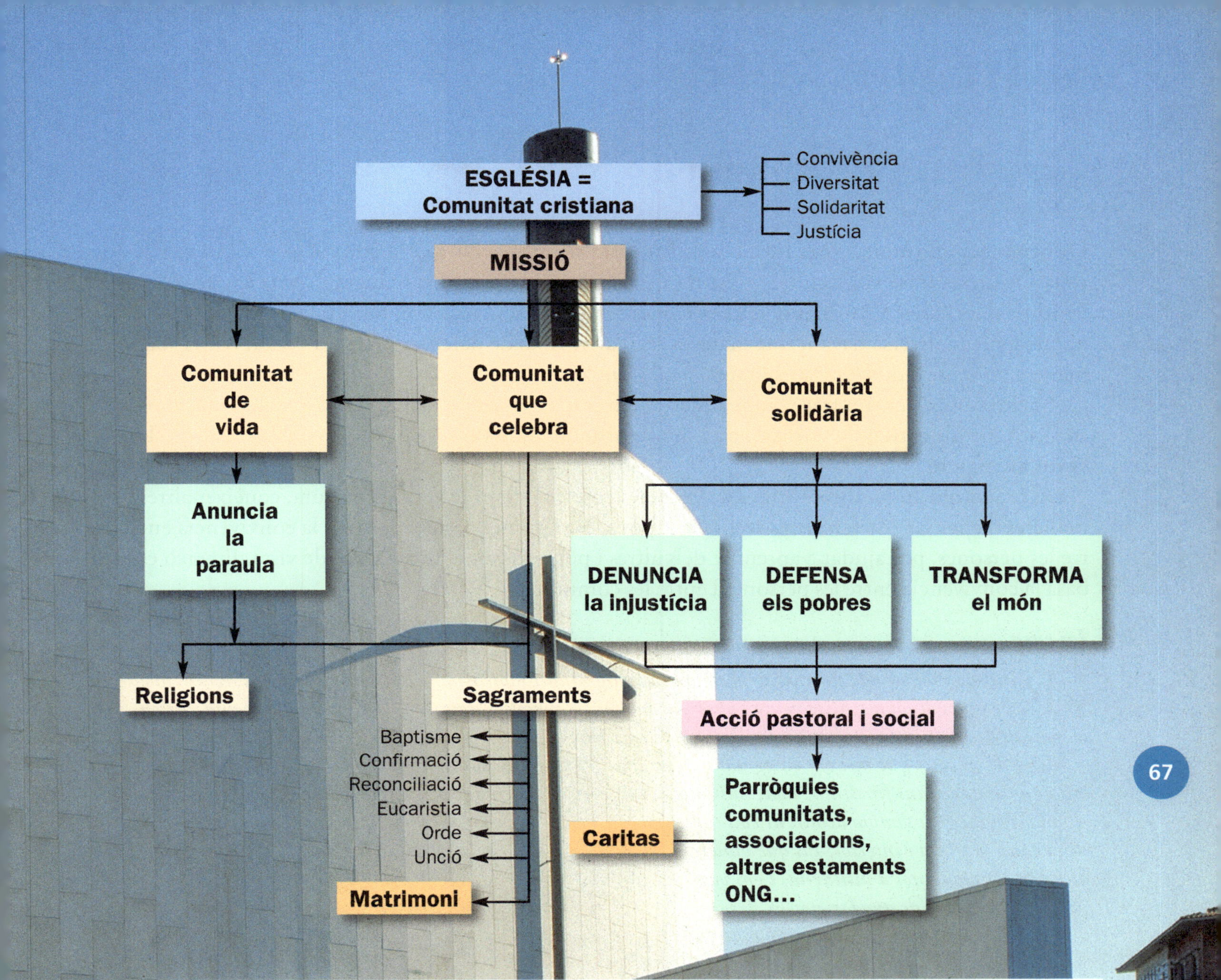

Amb el pas dels anys vas descobrint que la teva vida s'enriqueix i s'omple de sentit a mesura que et relaciones amb els altres. En efecte, tota persona se sent cridada a viure en relació, en **comunitat**, i ha d'anar formant-se individualment i socialment en convivència amb els altres.

L'educació en **valors** forma part de la teva formació integral i aporta una base moral que et permet actuar de manera lliure i responsable dins de la societat. És el que s'anomena educar en la convivència.

Per als cristians, la convivència i les relacions entre les persones es basen en els valors viscuts des del seguiment de Jesús i el compromís pel seu evangeli. Aquest seguiment i compromís pren vida en el si de la comunitat cristiana, que s'anomena **Església**.

La paraula ***Església*** significa assemblea, reunió, trobada, comunió, en definitiva, de tots els creients. La paraula ***catòlica*** significa universal, que no és ni dels uns ni dels alres, sinó de tots, de tot el món.

La participació dels **sagraments** és expressió i vivència dels valors del Regne de Déu.

Com ho veuen?

Viure i saber conviure

De ben segur que moltes vegades has sentit aquesta afirmació: «Jo penso que cadascú té la seva veritat.» Aquesta frase vol significar que no es pot imposar a ningú la manera de veure o de viure les idees o les coses. És veritat que les persones tenim diferents sensibilitats i que podem reaccionar de manera diversa davant una mateixa realitat... Això de defensar una sola veritat o una sola manera de veure o de viure la realitat *no sona gaire bé*.

Sovint també sentim frases com aquesta: «Jo tinc raó i ningú no em pot convèncer del contrari.» Actituds extremes, com aquesta, no signifiquen que valgui qualsevol cosa: **no val qualsevol afirmació**.

Acceptar que hi ha altres formes de veure les coses, no tenir la veritat absoluta, conèixer altres maneres de pensar i de fer, altres realitats... pot ser un primer pas per enfortir la convivència entre les persones, pot ajudar a aprendre dels altres i pot enriquir el propi punt de vista. En això es basa la convivència entre les persones i entre les comunitats.

La casa

«*Recordo una vegada una excursió en la qual vaig gaudir moltíssim. Encara visc d'aquells records que he renovat sovint. Vaig veure i observar moltes coses noves, algunes de les quals ja les havia vist en les postals dels amics que ja havien fet la mateixa excursió.*

Una de les coses que més em va agradar va ser una gran casa situada en un immens i fantàstic paratge; era una casa de grans finestrals, molt lluminosa. Les seves torres eren plenes de nius on els ocells havien fet fillada. Molta gent s'havia acollit al voltant de la casa, també a l'interior. Els que vivien allí van convidar-nos a visitar-la, i ens van venir moltes ganes de quedar-nos-hi.

Aquella casa em va deixar bocabadat: la vaig trobar gran, lluminosa, amb un cert aire de misteri, però al mateix temps molt acollidora, plena de vida pertot arreu..., una meravella.

En tornar a casa vaig comentar-ho amb els amics i els en vaig ensenyar fotografies. Vaig parlar-ne amb tant d'entusiasme que molts ja preparaven aquesta mateixa excursió. Els vaig convèncer perquè visitessin personalment aquella fantàstica casa.

Entre els meus amics hi havia un noi que havia fet la mateixa excursió i no recordava pas haver vist aquella casa. Més aviat deia que s'havia trobat amb una gran paret, molt maca i molt decorada, però enlloc no s'hi veia vida.

Aquell noi i jo vam començar a parlar d'aquell viatge que d'alguna manera ens unia. La casa era el punt central dels nostres comentaris: que si era molt acollidora, que si era una paret inaccessible, que si a dins hi havia una gran vitalitat, que si era una casa molt freda, que no convidava pas a quedar-s'hi gaire estona...

Finalment, un dels companys ens va fer veure que estàvem parlant de la mateixa casa. El que passava és que el meu amic n'havia vist una façana i jo, una altra, i això ens impedia tenir una visió global de la casa.

Ara, en fer referència a aquella casa, ho explico tot: el davant i el darrere. Dubto, però, de conèixer-la de debò. De segur que quan puguem fer la propera excursió podrem fer-ne una nova explicació, més completa, ja que ens esforçarem a veure no tan sols el davant i el darrere, sinó que descobrirem els costats, la part de dalt, els ornaments...»

MANEL BAGUNYÀ
Fent pessics (adaptació)

Una cosa semblant al que hem llegit ens passa quan parlem de la mateixa realitat des de punts de vista diferents. Tothom parla de la seva experiència, no es pot fer d'altra manera; tothom té la seva imatge del món, de la societat, de Déu, de l'Església... **La diversitat d'apreciacions ajuda tot el grup, tota la comunitat**. Segurament que aprendre a conviure deu consistir a «tenir en compte totes les façanes»...

ACTIVITATS

4.7. Per què creus que el protagonista i els seus amics veuen realitats diferents? Què vol dir tenir una visió global sobre un tema?

4.8. Imagina't que avui, a l'hora del pati, hi ha hagut un problema entre dos companys. La situació ha necessitat la intervenció del professor que hi havia al pati en aquell moment. Una de les persones protagonistes és molt amiga teva. Dóna la teva versió dels fets i, a continuació, contrasta-la amb la d'un altre company que tingui una visió diferent de la teva. Després, intercanvieu els papers i defenseu la visió contrària. Com t'has sentit? Què has experimentat?

4.9. Explica per què compartir els diferents punts de vista pot ajudar les persones a conviure plegades.

4.10. Comenta alguna experiència personal en què t'hagi passat el mateix que als nois de la lectura: que un mateix fet hagi estat vist des d'òptiques aparentment molt diferents. I va haver confrontació o intercanvi constructiu d'opinions? Quina va ser la conclusió final?

1. L'Església: comunitat cristiana

Ser cristià és ser **comunitari***, si no, no s'és cristià. En efecte, la persona de Jesús i el seu missatge demanen del creient obrir-se i relacionar-se amb els altres, perquè la fe en Jesús només té sentit en la mesura que es projecta i es comparteix amb els altres creients, no per aconseguir satisfacció i seguretat personals, sinó per participar en la construcció del món.

El cristià, a mesura que descobreix Jesús, coneix el seu missatge, l'assumeix i en té experiència, contribueix a dur a terme el pla de Déu. La participació en aquest pla o projecte de vida es basa en els valors de respecte i defensa de la vida, la convivència responsable i participativa, l'honestedat, l'estima i la coherència en l'estil de vida i les relacions interpersonals.

El creient, juntament amb tota la comunitat cristiana, es compromet, des de la fe, a:

- **Defensar la vida** (la pròpia i la dels altres).
- Millorar les **condicions socials** de la persona:
  - Ja sigui des d'una visió **personal**, anomenada **moral personal**.
  - O des d'una visió més **social**, anomenada **moral social**.

La comunitat cristiana, l'Església, no viu indiferent a la **realitat social*** que l'envolta. És conscient que ha de fer present i visible el projecte de Jesucrist, en el seu propi entorn, de forma **lliure** i **responsable**.

La comunitat cristiana sap que seguir el projecte de Jesús és molt més que dir paraules boniques, tenir sentiments pietosos o fer caritat. Exigeix dels creients una manera d'actuar, d'acord amb la fe.

VOCABULARI

Comunitari. Que és de la comunitat. Que està d'acord amb l'esperit de la comunitat.

Realitat social. Conjunt d'institucions, estructures i accions que tenen una repercussió en la societat. Això implica reconèixer que hi ha realitats com ara la ciència, la tècnica, l'economia, la política i la cultura que tenen la seva pròpia autonomia dins la societat i que es desenvolupen a partir d'opcions ètiques plurals.

La comunitat cristiana s'aplega per celebrar la seva fe.

Els cristians formen comunitats (Església) on aprenen i creixen en fraternitat, solidaritat i compromís*, on s'anuncia, es denuncia, es defensa... des dels valors de l'evangeli de Jesús. Són comunitats de vida que són anunci i presència del Regne de Déu enmig del món.

I com ha de treballar l'Església per construir el Regne de Déu?

–Prioritzant les relacions de **fraternitat** i **solidaritat**. L'afecte, la gratuïtat i l'atenció al més dèbil han d'esdevenir, fins i tot, més importants que la justícia legal.

– **Defensant** les minories culturals, lingüístiques, religioses, els pobles sense terra, els desposseïts, els refugiats... i les dones, que encara són marginades en molts àmbits, com la vida política i laboral, i sotmeses a situacions de violència de gènere i d'esclavatge.

– **Comprometent-se** amb fermesa en la defensa dels drets de les persones i **denunciant** les situacions en què aquests drets són violats.

– **Denunciant** les injustícies i portant a terme gestos (anuncis) que facin desaparèixer la indiferència i els silencis de la nostra societat, mitjançant la posada en pràctica de valors alternatius, des de l'evangeli.

– **Anunciant** que és possible viure de manera diferent, atenent la sostenibilitat de la Terra per al bé de tots, des de l'evangeli.

VOCABULARI

Compromís. Obligació contreta per una promesa, una paraula donada, un benefici acceptat, etc., entre dues persones o més que estipulen voluntàriament un acord.

Defensar, denunciar, anunciar... des dels valors de l'evangeli.

RECORDA

La **comunitat cristiana**, seguint el projecte de Jesús, es compromet a millorar la realitat social que l'envolta.

ACTIVITATS

4.11. Pensa en dos valors que siguin molt importants per a tu. Ara, imagina com creus que podries treballar-los de cara als altres. Elabora un pla d'actuació.

4.12. Busca informació d'alguna institució religiosa que treballi a favor dels més necessitats i respon aquestes preguntes: què?, qui?, quan?, com? i per què?

1.1. La fe sense obres és una fe morta

El fragment següent de la **carta de Jaume** (Nou Testament) et pot ajudar a entendre i a concretar quina és l'actuació correcta d'un cristià compromès:

«Germans meus, de què servirà que algú digui que té fe si no ho demostra amb les obres? ¿Pot salvar-lo, potser, aquesta fe? Si un germà o una germana no tenen vestits i els falta l'aliment de cada dia, i algú de vosaltres els diu: "Aneu-vos-en en pau, abrigueu-vos bé i alimenteu-vos", però no els dóna allò que necessiten, de què serviran aquestes paraules? Així passa també amb la fe: si no es demostra amb les obres, la fe tota sola és morta.

Potser algú replicarà: "Tu tens fe i jo tinc obres; mostra'm, sense les obres, que tens fe, i jo, amb les obres, et mostraré la meva fe. ¿Tu creus que hi ha un sol Déu? Fas bé; però també els dimonis ho creuen, i fins i tot se n'esgarrifen."

Home insensat, ¿vols comprendre d'una vegada que la fe sense les obres és estèril? [...] Adoneu-vos, per tant, que l'home és just davant de Déu per les obres, i no tan sols per la fe. [...] Així com el cos, sense l'esperit, és mort, també la fe sense les obres és morta.»

JAUME 2,14-26

D'aquest text cal destacar els aspectes següents:

– Per al cristià és molt important defugir de quansevol tracte de privilegi.

– Creure i actuar són dues realitats que han d'anar lligades, que es necessiten mútuament, perquè la fe és per ser viscuda i necessita expressar-se en accions concretes. Sense aquestes accions seria una fe «estèril».

RECORDA

Per als cristians, la fe en Déu es concreta en l'**amor al proïsme**.

Una fe sense acció seria una fe estèril.

ACTIVITATS

4.13. Explica què és per a tu la fe i què són per a tu les obres. Justifica aquesta afirmació: «La fe sense les obres és morta.» Què deu voler dir Jaume? Es decanta per algun dels dos conceptes?

4.14. Què vol dir aquesta afirmació: «Mou el teu interior per fer moure el món»?

4.15. Què vol dir «viure en plenitud»? Relaciona la teva resposta amb el text de Jaume.

2. L'Església: comunitat solidària

2.1. Compartir i ser solidari

L'Església catòlica ha creat **organitzacions** i **estaments** que col·laboren en la missió d'ajudar els necessitats i de donar resposta als problemes socials deguts a les desigualtats, la injustícia i la intolerància, que molt sovint són presents al nostre món. És una manera de ser fidel al compromís evangèlic d'*anunci*, *denúncia* i *transformació*:

– **Anunci** a través de la proclamació de la **Paraula** (l'evangeli) i la celebració de l'**eucaristia**.

– **Denúncia** des de l'opció evangèlica preferencial pels pobres.

– **Transformació** a través del compromís en favor de la justícia i els valors del Regne.

VOCABULARI

Cooperativa. Empresa de producció, comercialització o consum que pertany als mateixos usuaris dels seus serveis.

Estrall. Gran dany, destrucció, mortaldat.

2.2. Càritas

Càritas és una entitat catòlica que treballa en els sectors més febles. Compta amb voluntaris i amb professionals. L'assistència, la promoció de les persones i la denúncia de les desigualtats són els eixos de la seva acció social.

Càritas neix a partir d'una decisió del papa Pius XII, que l'any 1953 va anomenar, sota el nom de *Càritas*, totes les accions socials que s'havien fet des de l'Església arreu del món, per ajudar els pobles a recuperar-se de la devastació produïda per la Segona Guerra Mundial (1939-1945).

Durant les dècades posteriors a la guerra es van facilitar ajudes alimentàries, medicofarmacèutiques, atenció a persones sense sostre, préstecs per a l'habitatge i es va promoure la creació de cooperatives*.

Els estralls* causats per la Guerra Civil Espanyola (1936-1939) van afectar greument la població, que vivia en un estat d'extrema precarietat. Davant aquesta situació, l'Església es va organitzar per donar resposta a les penúries de bona part de la població espanyola. Així, a Barcelona, l'any 1942, es va crear el *Secretariat de Beneficència*.

Càritas

Càritas vol dir amor.

Càritas

L'educació és una de les accions que també fa Càritas.

ACTIVITATS

4.16. Observa la realitat que t'envolta i pensa en persones concretes o en situacions properes que coneguis que requeririen una ajuda externa per tal que milloressin. Enumera-les i comenta breument cada cas.

4.17. Reflexiona sobre les diferents necessitats que pateix la població en molts països del Tercer Món i proposa'n solucions per a cadascuna.

RECORDA

Càritas és una plataforma de voluntariat de l'Església a favor dels més necessitats.

Entre els anys seixanta i setanta es va anar perfilant i consolidant una línia de treball social que, en un primer temps, es va centrar, sobretot, en l'atenció a la gent gran i als infants.

Els anys vuitanta i noranta Càritas es va organitzar en totes les diòcesis* de l'Església i va estructurar els seus serveis: atur, gent gran, infantesa, dona i família, migració, etc.

També, durant la dècada dels noranta, va promoure la creació i el desenvolupament d'entitats, com el Servei d'Integració i Ajuda a la Llar, etc.

L'Església està al servei de les persones, sobretot les més pobres i necessitades.

Entrat el segle XXI, Càritas continua donant resposta a les necessitats de les persones més desfavorides, sense discriminació per raó de raça, sexe, cultura o creença.

VOCABULARI

Diòcesi. Demarcació territorial que té la jurisdicció eclesiàstica d'un bisbe.

Però, què és Càritas? Quins són els seus valors?

Càritas és un organisme oficial de l'Església catòlica la missió del qual és promoure, orientar, potenciar i coordinar l'atenció i l'ajut envers els necessitats.

Els **valors** bàsics de Càritas són els de l'evangeli; per això insisteix en la necessitat urgent d'un repartiment més just dels béns de la terra.

Vol animar la comunitat cristiana a fer realitat la pràctica de la justícia i la solidaritat.

En promoure l'amor i l'atenció preferencial pels pobres, l'Església, a través de Càritas i d'altres estaments d'atenció social, duu a terme la missió d'**evangelització**. Les comunitats cristianes donen suport a Càritas i hi contribueixen amb ajudes, ja sigui econòmicament o per mitjà del voluntariat.

Càritas dóna resposta urgent a necessitats que no poden esperar.

RECORDA

Els principals valors que promou Càritas són la **justícia** i la **solidaritat**, que són valors que neixen de l'**evangeli**.

Què fa? Quina és la seva missió?

El lloc privilegiat de Càritas és enmig dels pobres i els exclosos de la societat. Des dels serveis de Càritas, es fan accions orientades en quatre direccions:

– **Assistència**: acollir i atendre les persones que viuen greus dificultats i possibilitar-los l'accés als recursos bàsics per viure.

– **Formació** i **promoció**: crear espais de formació encaminats al creixement personal i a la integració social.

– **Sensibilització***: dur a terme accions de sensibilització, difusió, denúncia i extensió del compromís solidari entre les persones i en favor dels més necessitats.

– **Voluntariat**: dur a terme accions i programes de formació, animació i dinamització* del voluntariat, perquè la comunitat cristiana participi de forma concreta en la millora i la transformació de la societat.

Atendre les persones és un dels objectius de l'acció de Càritas.

RECORDA

La **missió de Càritas**, en el si de la comunitat cristiana, consisteix a acollir i ajudar els exclosos i els marginats, perquè siguin protagonistes del seu propi futur.

ACTIVITATS

4.18. Tenint en compte tot el que has treballat en aquest apartat, quin significat donaries a l'expressió «Església solidària»?

4.19. En grups, elaboreu un dossier sobre Càritas. Incloeu-hi els aspectes següents: què és, a què es dedica preferentment, quins valors promociona, com funciona el seu voluntariat i quins són els seus camps d'actuació, etc. Podeu buscar més informació en la seva pàgina web.

4.20. Visita la parròquia de la teva localitat o barri, demana que t'informin de les diferents activitats que duu a terme Càritas i fes-ne un breu resum en forma d'esquema.

4.21. Elabora un pòster que permeti identificar d'un cop d'ull la missió de Càritas en l'Església (pots fer el mateix amb un tríptic).

4.22. Pensa com podria ser una possible campanya de Càritas a favor d'una situació determinada (una família sense recursos, una situació de violència domèstica, un infant rebutjat...).

4.23. Coneixes altres institucions o ONG que treballin en el mateix camp? Quines?

VOCABULARI

Sensibilització. Acció de reclamar l'atenció i l'interès amb mitjans adequats sobre un problema particular, una situació concreta, etc.

Dinamització. Acció d'infondre dinamisme i energia a algú o alguna cosa.

3. L'Església: comunitat que celebra

La missió de l'**Església**, de la comunitat cristiana, és fer visible al món la salvació que va portar Jesús.

Així, els **cristians** experimenten i fan visible la salvació de Déu quan viuen els valors de l'evangeli, quan celebren la fe en comunitat i quan es comprometen en la millora de la qualitat de vida de les persones i del món.

3.1. Els sagraments

Des d'antic, els pobles i les diferents comunitats tenen les seves celebracions, els seus ritus, les seves commemoracions... És comú entre ells reunir-se en grup per recordar i celebrar moments importants: el naixement, el compromís, l'amor, la reconciliació, la trobada fraternal*, la malaltia...

L'**Església** també és una comunitat que recorda i celebra la seva fe, a través d'accions i vivències en moments significatius:

– Es **reuneix** en comunitat per celebrar moments importants.

– Celebra la fe en comunitat a través de **gestos**, **símbols*** i **accions** que donen al creient una força nova i un nou impuls en el seguiment de Jesucrist.

– Celebra **«set» accions sagrades** que, com a comunitat creient, diversifiquen opcions importants per a la vida de tot seguidor de Jesús. Són els **sagraments**.

Els **sagraments** són els símbols de la fe que expressen l'experiència de trobada entre Déu i la comunitat cristiana. Els sagraments de l'Església catòlica són set: baptisme, confirmació, eucaristia, penitència, unció dels malalts, orde sacerdotal i matrimoni.

En el decurs de la història descobrim la capacitat dels homes i les dones per dotar la pròpia existència d'accions i vivències **significatives***; és a dir, trien moments importants de la vida personal i de les comunitats i els omplen de ritus, gestos, signes i símbols que donen una força i un impuls per iniciar una nova etapa de l'existència.

VOCABULARI

Fraternal. De germà o propi de persones que es tracten com a germans.

Símbol. Imatge, figura, etc. amb què es representa un concepte o una idea moral o intel·lectual.

Significatiu. Que significa ben marcadament una cosa.

Els cristians es reuneixen per celebrar la seva fe.

RECORDA

L'Església celebra la seva fe en moments significatius a través dels **sagraments**.

Sagraments de la iniciació

Els **sagraments de la iniciació cristiana**, que estableixen els fonaments de la vida del creient, són el *baptisme*, la *confirmació* i l'*eucaristia*.

– El **baptisme** obre la porta a tots els altres sagraments i fonamenta tota la vida cristiana; els batejats esdevenen fills de Déu i són incorporats a l'Església (Mt 28,19-20).

– La **confirmació** consolida la vinculació del creient amb la comunitat cristiana. El confirmat, a través de la força de l'Esperit Sant, assumeix un compromís més gran a viure la seva fe i a ser veritable testimoni de l'evangeli (Ac 8,14-17).

– L'**eucaristia** centra la vida cristiana. Aquest sagrament inclou sempre la proclamació de la Paraula de Déu, la consagració del pa i el vi i l'acció de gràcies a Déu per tot el que s'ha rebut. Aquests elements constitueixen un sol acte celebratiu. Rememora la donació de Jesucrist expressada en el darrer sopar (Mt 26,26-29; Jn 6,51.54.56).

El baptisme: sagrament d'iniciació cristiana.

Sagraments de guarició

Els **sagraments de guarició***, que expressen el do de la salvació per al creient, són la *reconciliació* i la *unció dels malalts*.

– La **reconciliació o sagrament del perdó** permet al creient poder tornar a la comunió amb Déu. Aquest moviment de retorn a Déu, anomenat *conversió*, implica el propòsit de no tornar a actuar malament (pecat) i el desig de penediment per part del qui no ha actuat correctament (Jn 20,22-23).

– La **unció dels malalts** és un sagrament que té la finalitat d'ajudar i reconfortar aquells creients que experimenten les dificultats pròpies de la malaltia greu, el dolor o la vellesa i de donar-los pau (Jm 5,14-15).

VOCABULARI

Guarició. Restitució de la salut al malalt aplicant-li els remeis convenients. Alliberament d'un perjudici, d'un mal moral.

RECORDA

Els **sagraments de la iniciació cristiana** són el baptisme, la confirmació i l'eucaristia.
Els **sagraments de guarició** són la reconciliació i la unció dels malalts.

Sagraments del servei i la missió

Els dos últims sagraments s'anomenen **del servei, de la comunió i de la missió dels fidels** i configuren la «construcció» del poble de Déu i la comunitat cristiana, l'Església. Són dos: l'*orde sacerdotal* i el *matrimoni*.

– El sagrament de l'**orde*** **sacerdotal** confereix un poder sagrat, en nom de Crist, per al servei gratuït de la comunitat creient per mitjà de l'ensenyament, el culte i les accions pastorals (Tt 1,5).

– El sagrament del **matrimoni**, pel qual la parella esdevé una íntima comunitat de vida i d'amor, ordenada al seu bé i a la procreació i l'educació dels fills, es basa, sobretot, en la voluntat de donar-se mútuament i definitivament, a fi de viure el seu compromís d'amor segons l'evangeli (Mt 19,6).

Els ministeris ordenats són exercits per persones cridades al servei de la comunitat cristiana.

Fruit d'aquesta comunitat de vida esdevé la família. Aquesta institució social té un fort arrelament. L'Església no imposa un model de família, però sí que defensa que estigui cridada a anunciar, celebrar i viure l'evangeli (EV, 92).

ACTIVITATS

4.24. Busca el significat dels mots següents: *litúrgia*, *fidel*, *capellà*, *reconciliació*, *missa*, *vellesa*, *aigua*, *oli*, *anells*. Relaciona cadascuna d'aquestes paraules amb un dels sagraments.

4.25. Pensa un símbol que defineixi cadascun dels set sagraments, dibuixa'l i digues per què l'has triat.

4.26. Explica què significa per a tu compartir un àpat. Quan compartim un àpat? Per què ho fem? A qui convidem? Quin significat pot tenir?

4.27. Coneixes algun moment en el qual Jesús comparteix algun àpat amb els seus amics? Quin? Com ho fa? Per què?

4.28. Elabora un esquema en el qual surtin els set sagraments i quedin reflectits aquests punts: qui administra el sagrament, qui el rep, per què, on i en quin moment de la vida.

4.29. Elabora un tríptic per donar a conèixer un dels set sagraments, el que vulguis, a persones que no saben què és. El tríptic ha d'explicar de forma gràfica i ben clara en què consisteix el sagrament, qui l'administra, com, quan i per què.

RECORDA

Els **sagraments del servei, de la comunió i de la missió dels fidels** són l'orde sacerdotal i el matrimoni.

VOCABULARI

Orde. Ritu cristià mitjançant el qual l'Església promou un dels seus membres, considerat idoni, a un determinat grau de ministeri eclesial: diaconat, presbiterat (sacerdot) o episcopat.

4. Què és un sagrament?

Els **sagraments** són símbols de la fe que expressen l'experiència de trobada entre Déu i la comunitat cristiana.

Els sagraments de l'Església catòlica són set: *baptisme*, *confirmació*, *eucaristia*, *reconciliació*, *unció dels malalts*, *orde sacerdotal* i *matrimoni*.

Sagraments d'iniciació cristiana: *el baptisme, la confirmació i l'eucaristia*

El baptisme
- Fonamenta la vida del cristià.
- El batejat esdevé fill de Déu i s'incorpora a l'Església.

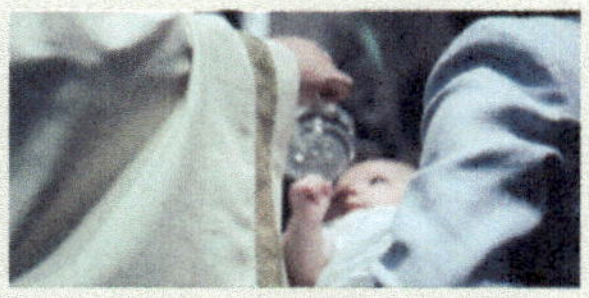

La confirmació
- Consolida la vinculació del cristià a l'Església.
- L'ajuda a assumir el compromís de la fe.

L'eucaristia
- Centra la vida cristiana.
- S'hi celebra el memorial de la passió, la mort i la resurrecció de Jesús

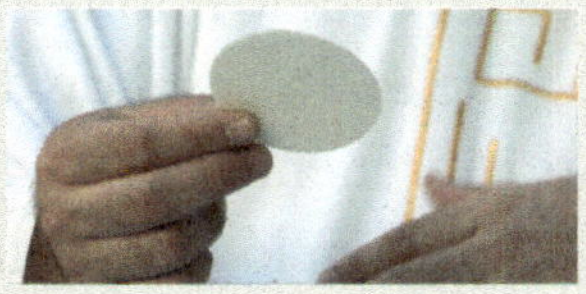

Sagraments de guarició: *la reconciliació i la unció dels malalts*

La reconciliació o sagrament del perdó
- Permet retornar a la comunió amb Déu.
- Aquest moviment de retorn a Déu s'anomena *conversió*.

La unció dels malalts
- Ajuda i reconforta el creient que experimenta dificultats físiques i li dóna pau.

Sagraments del servei i de la missió: *l'orde i el matrimoni*

L'orde sacerdotal
- Està al servei gratuït de la comunitat creient per mitjà el culte i les accions pastorals.

El matrimoni
- Constitueix una comunitat de vida i d'amor entre un home i una dona.

5. El matrimoni cristià

En la vida d'una persona, el més important no és allò que fa, allò que diu, allò que té...; el més important és la capacitat d'**estimar l'altre**.

Quan ens referim al matrimoni, l'amor a l'altra persona, en la mesura que és correspost, pressuposa una vinculació amb ella.

Cal entendre que l'amor inclou alguna cosa molt important i fonamental: la **fidelitat*** a la persona estimada i amb la qual es forma aquesta vinculació o unió i s'inicia la vida en comú.

VOCABULARI

Fidelitat. Qualitat d'aquell que no manca a allò que s'ha compromès envers algú.

Incertesa. Manca de certesa, de seguretat.

Compromís. Obligació contreta per una paraula donada, una promesa, un benefici acceptat, etc.

5.1. El matrimoni és un compromís lliure

Actualment moltes persones tenen por d'establir «compromisos de llarga durada». Aquesta por neix, sobretot, de la incertesa* sobre el futur.

L'amor és una opció de vida que es va construint dia a dia i que demana **compromís***.

Amb tot, aquesta opció de vida necessita un temps de **preparació**. En efecte, el matrimoni inicia el seu procés molt abans, en el prometatge, que és un camí de descobriments i sorpreses, de primers lliuraments i aprenentatges.

La preparació al matrimoni constitueix un moment molt important i privilegiat per a totes aquelles persones que volen participar en aquest sagrament de l'Església i viure'l. Per això, el creient és convidat a aprendre i a comprendre què significa l'amor responsable i madur.

El matrimoni és una opció lliure.

«Després de dotze anys de matrimoni, un amic em va comentar que, quan es va casar, tot i que estava molt enamorat de la seva dona, no tenia clar el significat del pas que havien fet en aquell moment. En la conversa que vam mantenir sobre aquest tema, tots dos vam adonar-nos que estar casat, tant pel que fa a la vivència de l'amor, com a l'experiència de viure'l compartint un projecte de vida, amb les experiències diàries que proporciona el temps que passa..., significa alguna cosa més que un mer acord per compartir un mateix sostre.»

ACTIVITATS

4.30. Investiga i respon aquestes preguntes: Qui és la persona que presideix el sagrament del matrimoni? Quin és el moment més important de la celebració d'aquest sagrament? Quins són els símbols utilitzats per mostrar l'amor i la fidelitat dels nous esposos?

4.31. Elabora una possible invitació de casament cristià (text, dibuix, forma, motius...).

5.2. El matrimoni és un sagrament

La comunitat cristiana, l'Església, no vol viure allunyada de les grans realitats humanes: naixement, compromís, perdó i reconciliació, vida, dolor i amor compartits. Per això, algunes d'aquestes realitats les viu com a **sagrades** i esdevenen **sagrament**, signe de la presència i de l'acció salvadora de Déu.

– L'Església defineix el **matrimoni** com a sagrament; amb això vol expressar que el «sí» que es donen les dues persones té alguna cosa a veure amb Déu.

– És una manifestació del mateix **amor de Déu**.

– Aquesta manifestació d'amor es fa visible a través del **lliurament recíproc***.

El matrimoni pressuposa una vinculació: s'inicia una **vida en comú** que comporta una **fidelitat mútua**.

El prometatge, un camí de descobriments i sorpreses.

El matrimoni cristià és un sí definitiu expressat des de l'amor.

RECORDA

El **sagrament del matrimoni** és expressió recíproca d'amor, fidelitat i compromís.

ACTIVITATS

4.32. Explica quins són els elements bàsics que hi ha d'haver entre una parella perquè un matrimoni sigui autèntic.

4.33. Fes un petit escrit en què donis les raons per les quals els cristians es casen per l'Església.

VOCABULARI

Recíproc. Fet per dos, l'un a l'altre, donat i rebut alhora per cadascun de dos.

5.3. El matrimoni cristià és un camí de felicitat

El matrimoni cristià és un esdeveniment que se sustenta* sobre els punts següents:

– **Unió acceptada en llibertat**. El matrimoni cristià és més que un contracte —«*ens vam conèixer..., ens férem amics..., de mica en mica més que amics..., com si ens necessitéssim l'un a l'altre..., vam dir-nos que ens estimàvem... i ens prometérem*»—, és la unió d'un home i una dona que, de manera responsable, configuren un projecte* de vida en comú fet en llibertat.

– **Amor en plenitud**. La vida matrimonial es basa en l'amor entre els esposos, un amor que té en compte tota la persona: «*No et sembla que un dia podríem fer la nostra vida en comú? Estem d'acord per córrer el risc de l'aventura i ajudar-nos braç a braç en les dificultats...*» Aquest amor es desenvolupa en la mesura que no es tanca en si mateix i s'obre als altres.

No simular res i comportar-se de manera autèntica: «estimar i deixar-se estimar».

– **Amor en fidelitat**. La seva vivència s'entén des de la fidelitat a la persona estimada: «*Jo et prenc per esposa/marit i no et deixaré mai...*» La parella confia l'un en l'altre i vol perseverar* unida per sempre: «*Tenir fills, fer-los créixer...*» L'amor fidel fa créixer i viure la comunitat d'amor: «*Ser responsable davant la societat i davant l'Església...*»

– **Amor que es proclama**. Per al cristià, el sagrament del matrimoni no acaba en la celebració litúrgica, ni es viu reduït al nucli familiar. Es comparteix i es fa visible en l'entorn. La societat reconeix i protegeix els drets i els interessos del matrimoni: «*Si ens casem i ho fem públic no és per regularitzar una situació, sinó perquè volem proclamar el nostre amor davant la societat.*» Per al cristià, per tant, el sagrament del matrinoni no acaba en la celebració litúrgica.

RECORDA

La voluntat d'**estimar-se** i de **ser fidels** per sempre fa que el matrimoni esdevingui un sí per a tota la vida.

ACTIVITATS

4.34. Elabora una auca o un còmic del procés que pot seguir una parella des del moment que es coneix fins que decideix casar-se i fer una vida en comú.

4.35. Quan s'acompleix el sagrament del matrimoni? Per què?

4.36. Assenyala els punts sobre els quals se sustenta el matrimoni cristià. Tria'n un i construeix una vinyeta a partir del que es diu en l'apartat corresponent.

4.37. Per què creus que alguns matrimonis fracassen i les parelles se separen? Raona la resposta.

4.38. Què vol dir ser fidel a l'altre? En què consisteix la fidelitat?

VOCABULARI

Sustentar. Mantenir, sostenir.

Projecte. Pla proposat per ser realitzat.

Perseverar. Persistir en una manera de ser o d'actuar.

Un pas més

Molts necessitats esperen ajuda, molts oprimits esperen justícia, molts aturats esperen feina, molts pobles esperen respecte. És possible que, en el nostre temps, encara hi hagi persones que visquin mancades d'allò imprescindible o necessari?...

«Mantenir sempre atentes les oïdes
a la veu dels altres
i escoltar el seu clam de socors
és solidaritat.

Sentir com a propi
el patiment del germà,
del germà d'aquí i d'allà.
Fer pròpia l'angoixa dels pobres
és solidaritat.

Arribar a ser la veu dels humils,
descobrir la injustícia i la maldat.
Denunciar l'injust i el pervers
és solidaritat.

Lliurar per amor fins i tot la vida
és la prova més gran de l'amistat.
És viure i morir per Jesucrist.
ÉS SOLIDARITAT.»

LEÓNIDAS PROAÑO (bisbe del Brasil)

La comunitat cristiana, l'Església, no és aliena al patiment de les persones i se sent cridada a participar en la transformació del món, des de la justícia i la solidaritat:

«El goig i l'esperança, el plor i l'angoixa de l'home contemporani, sobretot els dels pobres i de tota mena d'afligits, són també goig i esperança, plor i angoixa dels deixebles de Crist, i no hi ha res de verament humà que no ressoni en llur cor.» (GS.1)

La Paraula de Déu no és aliena a aquesta realitat profunda i radicalment humana que és el matrimoni.

Antic Testament

El relat més antic (segle X aC):

«Llavors el Senyor-Déu es digué: "No és bo que l'home estigui sol. Li faré una ajuda que li faci costat." [...]

Llavors el Senyor-Déu va fer caure l'home en un son profund. Quan quedà adormit, prengué una de les seves costelles i omplí amb carn el buit que havia deixat. De la costella que havia pres a l'home, el Senyor-Déu va fer-ne la dona, i la presentà a l'home.

L'home exclamà:

—Aquesta sí que és os dels meus ossos i carn de la meva carn! El seu nom serà "dona", perquè ha estat presa de l'home. Per això l'home deixa el pare i la mare per unir-se a la seva dona, i des d'aquest moment formen una sola carn.»

GÈNESI 2,18.21-24

Antic Testament

«Aleshores se li van atansar uns fariseus. Volien posar-lo a prova i li preguntaren [a Jesús] si és permès a un home de divorciar-se de la seva dona. Ell els va fer aquesta altra pregunta:

—Què us va ordenar Moisès?

Li respongueren:

—Moisès va permetre de donar a la muller un document de divorci i fer-la marxar.

Jesús els digué:

—Moisès va escriure aquesta norma per la vostra duresa de cor. Però, des del principi de la creació, Déu els va fer home i dona. Per això l'home deixa el pare i la mare per unir-se a la seva dona, i tots dos formen una sola carn. Per tant, ja no són dos, sinó una sola carn. Allò que Déu ha unit, que l'home no ho separi.»

MARC 10,2-9

Síntesi de la unitat

- La paraula ***Església*** significa assemblea, reunió, trobada, comunió, en definitiva, de tots els creients. La paraula ***catòlica*** significa universal: que no és dels uns ni dels altres, sinó de tots, de tot el món.

- La comunitat cristiana es compromet, des de la fe, a **defensar la vida** (la pròpia i la dels altres) i a millorar les **condicions socials** de la persona. És en aquest sentit que la moral cristiana té alguna cosa a dir, ja sigui des d'una visió personal, anomenada **moral personal**, o des d'una visió més **social**, anomenada **moral social**.

- Treballar per la construcció del Regne de Déu, que és el projecte de Jesucrist, demana a l'Església fer-ho de manera que es donin relacions de **fraternitat** i **solidaritat** en la comunitat, on l'atenció al més dèbil esdevingui, fins i tot, més important que la justícia legal, on es **defensin** les minories, on hi hagi un **compromís** ferm en aquesta defensa, on es **denunciïn** les coses que no funcionen i s'**anunciï** que és possible viure d'una manera diferent.

- La **comunitat cristiana**, seguint el projecte de Jesús, es compromet a millorar la realitat social que l'envolta.

- Per als cristians, la fe en Déu es concreta en l'**amor al proïsme**.

- **Càritas** és una plataforma de voluntariat de l'Església a favor dels més necessitats

- Els principals valors que promou Càritas són la **justícia** i la **solidaritat**, que són valors que neixen de l'**evangeli**.

- La **missió de Càritas**, en el si de la comunitat cristiana, consisteix a acollir i ajudar els exclosos i els marginats, perquè siguin protagonistes del seu propi futur.

- L'Església recorda i celebra la seva fe a través d'accions i vivències en moments significatius: celebra la fe en comunitat a través de **gestos**, **símbols** i **accions** que donen al creient una força nova i un nou impuls en el seguiment de Jesucrist. Celebra «set» accions sagrades que, com a comunitat creient, diversifiquen opcions importants per a la vida de tot seguidor de Jesús. Són els sagraments.

- Els **sagraments** de l'Església catòlica són **set**: baptisme, confirmació, eucaristia (sagraments de la iniciació), reconciliació, unció dels malalts (sagraments de guarició), orde sacerdotal i matrimoni (sagraments del servei, de la comunió i de la missió dels fidels).

- El **sagrament del matrimoni** és expressió recíproca d'amor, fidelitat i compromís.

- La voluntat d'**estimar-se** i de **ser fidels** per sempre fa que el matrimoni esdevingui un sí per a tota la vida.

Activitats de síntesi

4.1. Elabora una llista de les activitats lúdiques que fas durant la setmana. Després, intercanvieu-vos la llista amb un company o companya. Tria una de les activitats de la llista del teu company i mira de convèncer-lo que no val la pena que continuï fent-la. El teu company haurà d'argumentar la importància que té per a ell fer aquella activitat. Després, ell ha de fer el mateix amb la teva llista. Un cop hàgiu acabat, expliqueu com us heu sentit.

4.2. Busca el fragment bíblic Lc 13,10-16, llegeix-lo i, després, respon raonadament per què creus que Jesús actua tal com ho fa. Cal que tinguis en compte, sobretot, la importància de les necessitats de la persona.

4.3. Completa el quadre següent a partir de les dades que trobaràs en aquesta unitat didàctica:

L'Església...			
...respon al compromís evangèlic quan...			
...recorda i celebra la seva fe a través de...			

4.4. Busca informació sobre Càritas i contesta aquestes preguntes de manera resumida:

– Quins són els seus valors?
– Què fa i quina és la seva missió?

4.5. Relaciona el símbol, l'acció o el ritu amb un sagrament:

– Aigua
– Pa i vi
– Oli
– Unció amb el crisma
– Anells
– Perdó de Déu
– Imposició de mans

4.6. A partir del que has après sobre el sagrament del matrimoni, comenta el text següent:

«Jo, N., et prenc a tu, N., per (muller/marit),
i et prometo que et seré fidel
en la prosperitat i en l'adversitat,
en la salut i en la malaltia
i que t'estimaré i t'honoraré tota la vida.» (Tret del ritual del matrimoni)

UNITAT 5 El Regne de Déu

Amor, pau, justícia...

I TU, QUÈ HI DIUS?

5.1. Creus que és possible un món feliç?

5.2. T'agradaria poder aconseguir un món millor?

5.3. Què podries fer per ser més feliç?

5.4. A quin model de persona voldries assemblar-te?

5.5. Recordes quin és el model de vida que proposa Jesús de Natzaret?

5.6. Què és el Regne de Déu?

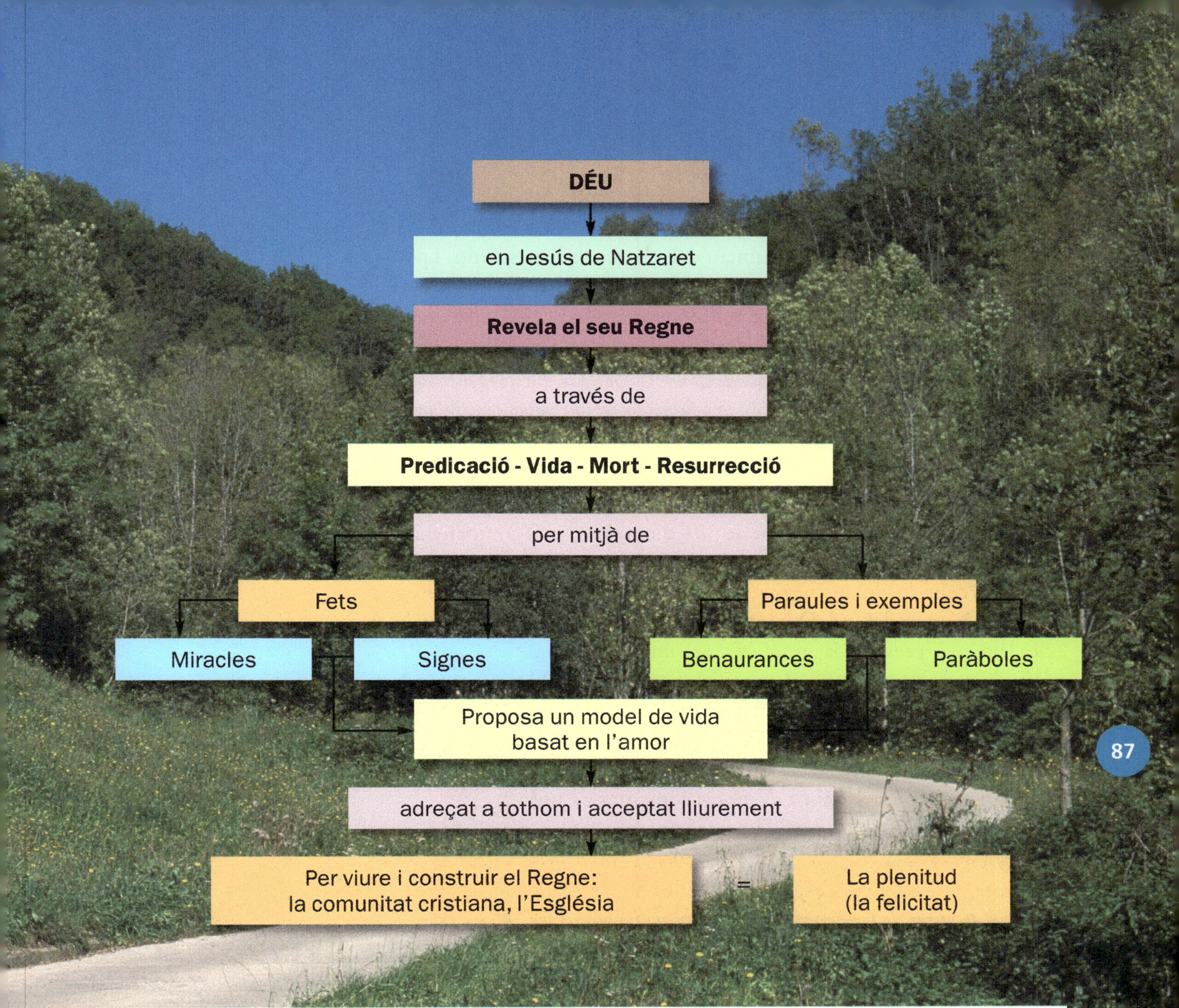

A tots ens agrada somiar. Somiem un món millor, més feliç, sense preocupacions. Sovint quedem bocabadats mirant els anuncis de llocs fantàstics on ens agradaria anar de vacances..., llocs llunyans o propers, on ens sembla que les coses són millors del que nosaltres veiem cada dia.

Des de fa molt de temps, diferents escriptors han creat històries que han fascinat generacions de lectors i lectores, narracions de mons extraordinaris que han ajudat a somiar: des de Lewis Carroll, que va escriure *Alícia al país de les meravelles*, passant per Jules Verne, que va fer viatjar els seus personatges pel centre de la Terra, fins a les narracions de J. R. R. Tolkien, amb *El Senyor dels Anells*... Però tots sabem que aquestes històries són fantàstiques i que, sovint, encara que mostren un món millor, no reflecteixen la realitat.

Hi ha somnis que es poden fer realitat. **Jesús de Natzaret** presenta, a través de l'evangeli, un projecte de vida basat en el nucli essencial del seu missatge: **l'anunci del Regne de Déu**.

Com ho veuen?

Martin Luther King (Atlanta, Georgia 1929-Memphis, Tennessee 1968) va ser un líder nord-americà que es va proposar l'alliberament dels negres als Estats Units, i per aconseguir-ho va organitzar un poderós moviment pacífic de resistència contra la **discriminació racial***. Luther King estava convençut que l'amor és el valor més perdurable per aconseguir la felicitat de la persona. Era pastor baptista i va estar especialment influït pel pacifisme i la no-violència de Gandhi. Així, deia el 1958:

«Crist proporcionava l'esperit i el mòbil; Gandhi, el mètode. En el seu mètode, basat en l'amor i en l'ús de la no-violència, vaig descobrir el camí per a la reforma social que havia cercat durant tants mesos [...].»

GOMBI
Martin Luther King
CCS

L'any 1954 dirigí un boicot de 381 dies contra una companyia d'autobusos que era segregacionista. El 1963, a Birmingham (Alabama), es va situar al capdavant de les campanyes per aconseguir el cens de votants negres, abolir la **segregació*** i aconseguir una educació i un allotjament millors als estats del sud. Durant aquestes campanyes va ser arrestat diverses vegades. El 28 d'agost de 1963 va presidir la gran *Marxa interracial sobre Washington*, que aconseguí mobilitzar unes 200.000 persones. Luther King no entenia la religió com una cosa separada de la vida quotidiana de la gent. El 1964 va rebre el premi Nobel de la Pau.

En la seva obra *La força d'estimar* comentava a uns joves estudiants què s'espera d'una persona:

«Un cop una persona ha descobert per a què ha nascut, hauria d'aplicar tot el poder de què disposa a l'assoliment d'això. Hauria de mirar de fer-ho tan bé que ningú no ho pogués fer millor. [...] no hi ha cap feina que sigui insignificant. [...] Si un home és escombriaire, hauria d'escombrar els carrers com Miquel Àngel pintava, o com Beethoven componia música, o com Shakespeare escrivia poesia.»

MARTIN LUTER KING
La força d'estimar
Proa

La seva posterior preocupació per la guerra del Vietnam i la seva determinació a dirigir una «marxa del poble pobre» sobre Washington van posar en perill la seva vida. El 4 d'abril de 1968, una bala li va treure la vida, com vint anys abans havia passat a Gandhi.

Martin Luther King.

Mare Teresa de Calcuta

Reconeguda universalment com la *mare dels pobres*, la **mare Teresa de Calcuta** és, per als creients, un dels exemples vius de la presència de Crist entre la humanitat. Amb el seu testimoni senzill, d'aparent fragilitat, es podia sentir la manifestació de Déu entre els pobres. La seva vida fou un camí d'humilitat al servei de Déu a través dels necessitats.

El seu nom era Agnes Gonxha Bojaxhiu. Va néixer el 27 d'agost de 1910 a Skopje, capital de Macedònia, Albània. Cap als dotze anys va sentir la primera crida missionera. Als divuit va ingressar a l'orde de les germanes de Loreto a Irlanda. El 1929 va arribar a l'Índia, a Dajeerling, on estudià per ser professora. Va canviar el seu nom pel de Teresa, en honor a santa Teresa de Lisieux. El 1937 va fer la seva consagració religiosa i va ensenyar a l'escola Santa Maria de Calcuta.

Un dia va sentir el que ella va definir com a *crida dintre de la crida*. El missatge era clar: havia de deixar el convent de Loreto i lliurar-se al **servei dels pobres**, vivint enmig d'ells. El 1948 el papa Pius XII li va donar permís per deixar la comunitat. Aleshores, va començar a compartir la seva vida pels carrers de Calcuta amb els més pobres: indigents, malalts, moribunds i famolencs*. El 1950 es va formalitzar* la creació de la congregació religiosa de les missioneres de la caritat. A poc a poc, la seva obra es va anar expandint i es van començar a obrir a tot el món centres per atendre leprosos, ancians, cecs, persones amb sida, escoles i orfenats per a pobres i infants abandonats, menjadors i albergs per a indigents i persones sense recursos... En l'actualitat, aquesta congregació treballa a més de 130 països.

Després d'una vida lliurada completament als pobres del món, el 5 de setembre de 1997 va morir als vuitanta-set anys.

Mare Teresa de Calcuta.

ACTIVITATS

5.7. Investiga quins van ser els mètodes de no-violència utilitzats per Gandhi i per Martin Luther King.

5.8. Defineix les paraules següents i classifica-les segons que corresponguin a actituds que els personatges que hem conegut van destacar, bé perquè hi estaven a favor o bé perquè hi estaven en contra: *racisme*, *llibertat*, *segregació*, *pau*, *discriminació*, *marginació*, *indigència*.

5.9. Busca escrits de Martin Luther King i de la mare Teresa de Calcuta i fes un mural en què expliquis la seva vida i el seu pensament.

VOCABULARI

Famolenc. Que té molta fam.

Formalitzar. Concretar, materialitzar.

1. El Regne de Déu

El desig de gaudir d'un món millor és molt antic perquè des de sempre les persones hem somiat millorar nosaltres, millorar el món i buscar la felicitat.

A l'hora de proclamar aquesta millora del món i de treballar-hi, el primer que fan els cristians és aprendre d'aquells que els han precedit. Per això, es fixen en la història del poble d'Israel que es troba en l'**Antic Testament*** i, sobretot, en el missatge de Jesús de Natzaret que presenta el **Nou Testament**.

1.1. El Regne en l'Antic Testament

Des de molt antic, la promesa d'un món millor és percebuda i viscuda pel poble. Ja en la **teofania*** de Moisès a la muntanya del Sinaí (Ex 19,5-6) es recull la voluntat de Déu respecte del poble escollit, els israelites*.

La reialesa de Déu es manifestava en el poder del rei d'Israel (2Sa 7,12-16). El rei, però, havia de subordinar-se a Déu i regnar en el seu nom en la terra promesa.

Les seves funcions consistien a:

– **Assegurar la llibertat del seu poble** enfront dels enemics.

– **Exercir la justícia** envers els més pobres, ajudar la vídua, defensar l'orfe…

– **Predicar l'esperança** en moments de dificultats.

Els **profetes*** eren els encarregats de vetllar i parlar en nom de Déu als reis, quan l'actuació d'aquests no coincidia amb la causa del Regne de Déu.

El rei no sempre obrava bé i moltes vegades no feia allò que Déu li havia demanat.

La reina de Sabà davant de Salomó *(miniatura del segle XV).*

VOCABULARI

Antic Testament. Nom que rep la primera part de la Bíblia; conté els escrits compostos abans de l'arribada de Jesucrist.

Teofania. Aparició o manifestació sensible i personal de Déu als homes.

Israelita. Antigament, membre del poble d'Israel. Actualment, es fa servir el mot *israelià* per referir-se al que és relatiu a l'Israel actual.

Profeta. Persona que, inspirada per Déu, proclama el seu missatge, denuncia el trencament de la relació amb Déu o anuncia el compliment de les promeses de Déu al seu poble i la conversió.

Els profetes són mitjancers de la voluntat de Déu.

Això va portar els jueus a centrar la seva esperança en el culte al temple i en el compliment de normes (la Llei) per obtenir la protecció de Déu.

Per aquest motiu, i durant molts segles, el temple de Jerusalem va ser el centre de l'esperança per a un món millor; els actes de culte van ser esplèndids, com els vestits dels sacerdots, les celebracions que s'hi feien i el mateix temple.

Els profetes denuncien aquesta situació. És el cas del profeta **Isaïes**, que va pronunciar paraules molt dures i fortes davant de les barbàries comeses en els actes de culte a Déu (Is 1,11-13a.15-17).

Els profetes anuncien que Déu tornarà a reunir i salvar el seu poble i que el seu regnat s'estendrà per tota la terra. La reialesa de Déu prendrà una forma concreta de **Regne**. L'esperança de salvació per part de Déu es concreta en l'arribada d'un Messies.

RECORDA

En l'Antic Testament el lloc on tot seria millor i tothom seria més feliç s'anomenava la **terra promesa**.

1.2. El Regne en el Nou Testament

A Palestina en temps de Jesús hi havia molts grups religiosos, i cada grup vivia amb una expectativa diferent l'arribada del Messies, que portaria el Regne de Déu, on el poble d'Israel ocuparia un lloc privilegiat:

– **Els apocalíptics***: esperaven que Déu apareixeria de sobte i que faria girar l'ordre social.

– **Els zelotes**: estaven disposats a fer que el Regne de Déu arribés ràpidament; fins i tot justificaven l'ús de la violència.

– **Els fariseus**: pensaven que la millor manera de canviar el món era seguint estrictament la Llei.

– **Els essenis**: van decidir apartar-se del món per poder viure en una societat ideal.

En aquesta situació històrica d'angoixa i d'esperança va sorgir la figura de Jesús de Natzaret, que inicia la seva predicació a Galilea, davant el seu poble.

L'esperança de la salvació per part de Déu es concreta en Jesús de Natzaret.

RECORDA

Jesús de Natzaret és el Messies enviat per Déu a instaurar el seu Regne.

ACTIVITATS

5.10. Defineix quin era el Regne de Déu que esperava el poble d'Israel en temps de l'Antic Testament.

5.11. Llegeix el fragment Is 58,6-8 i compara'l amb el text del mateix autor esmentat en aquesta pàgina. A qui defensa el profeta en nom de Déu?

5.12. Imagina't que ets el profeta Isaïes i vols convèncer els companys de la classe perquè millorin. Què els diries? Per què?

VOCABULARI

Apocalíptic. Que té una visió catastròfica del futur.

2. Jesús i el Regne de Déu

El camí cap al Regne de Déu parla sobretot d'amor als altres.

El centre de tot el missatge de Jesús el trobem en l'anunci del **Regne de Déu**. A través de les seves accions salvadores, capgira les expectatives* messiàniques* dels seus contemporanis. Aquestes accions seran signes inequívocs que el projecte del Regne ja està en camí. Per això, tots els qui el presencien queden corpresos de la seva persona i de l'autoritat dels seus gestos: «*—Què és tot això? Una doctrina nova ensenyada amb autoritat! Fins i tot dóna ordres als esperits malignes i l'obeeixen!*» (Mc 1,27)

L'**autoritat** amb què actua i parla Jesús del nou Regne de Déu atrau molta gent:

– Per **mostrar** la grandesa del Regne Jesús fa **signes** salvadors: els **miracles**.

– Per **presentar** el Regne i les seves característiques Jesús utilitza **paràboles**, com una forma didàctica i senzilla de donar a conèixer el contingut que vol ensenyar.

– Per **proposar** la construcció del Regne Jesús presenta un model de vida: les **Benaurances**.

Els miracles són signes de la salvació de Déu.

VOCABULARI

Expectativa. Espera que es fa amb interès.

Messiànica. Relatiu a l'arribada d'un messies que portaria un nou ordre al món.

ACTIVITATS

5.13. Investiga quines eren les expectatives messiàniques dels contemporanis de Jesús i quina és la diferència amb el que Jesús proposa.

5.14. L'autoritat amb què actua i parla Jesús, en què consisteix? Què mostra? Què presenta? Què proposa?

5.15. Llegeix el fragment bíblic Mc 1,15 i digues quina creus que és la condició prèvia per acollir la bona notícia del Regne de Déu.

RECORDA

Jesús mostra, amb autoritat, a través de les seves **paraules** i els seus **gestos**, quina és la voluntat de Déu.

2.1. Els signes del Regne. Els miracles

Jesús no va pretendre en cap moment fer una demostració d'energia paranormal ni prodigis extraordinaris per enlluernar ningú. Ben al contrari, Jesús mostra a través dels signes la bondat de Déu adreçada a tots els homes, de manera especial a aquells que pateixen.

Els **signes** o **miracles** de Jesús estan relacionats amb el seu anunci del Regne de Déu (Mt 9,35). Així, podem afirmar que els miracles:

– Són fets que alliberen, guareixen, donen vida o conforten (Mt 11,5).

– Són accions que manifesten que la **transformació** de la persona i del món és un fet i que la força **salvadora de Déu** ja actua en la persona (Lc 6,17-19).

VOCABULARI

Interpel·lar. Adreçar la paraula a algú per demanar-li alguna cosa, com explicar els seus actes o un fet, etc.

Implicar. Comprometre algú en alguna cosa.

RECORDA

Els **signes** o **miracles** són la manifestació més clara que la construcció del Regne de Déu ja s'ha fet present.

2.2. Les paraules del Regne. Les paràboles

Per a Jesús, el Regne està molt relacionat amb la vida, per això utilitza recursos com les **paràboles**. En l'evangeli en trobem un bon recull:

– El Regne de Déu és com un *tresor amagat* (Mt 13,44).

– El Regne de Déu és com una *perla preuada* (Mt 13,45).

– El Regne de Déu és com una *llavor petita* (Mt 13,31).

– El Regne de Déu és com *una festa en la qual tothom és convidat* i on es congrega la gent per fer un *bon àpat* (Lc 22,30 i Mt 8,11).

En els diversos evangelis podem arribar a trobar fins a unes quaranta paràboles diferents. En totes destaquen els elements que caracteritzen la intenció de Jesús en proposar-les.

El Regne de Déu és semblant a...

Les paràboles fan referència a la **construcció del Regne**, hi ha una **idea principal** per comunicar, destaquen **alguna qualitat** perquè qui les escolti sigui capaç d'identificar-s'hi i donar una resposta, tenen un cert **to provocatiu que interpel·la* i implica*** la persona que les escolta.

RECORDA

La **paràbola** és un recurs utilitzat per Jesús per interpel·lar la persona que l'escolta i fer que hi descobreixi el projecte de Déu.

Llegeix amb atenció el text de l'evangeli de Lluc sobre la paràbola del sembrador i, al costat, l'explicació que fa Jesús mateix.

«Ell els digué, valent-se d'una paràbola:

—Un sembrador va sortir a sembrar la seva llavor. Tot sembrant, una part de les llavors va caure arran del camí i fou trepitjada, o bé els ocells se la van menjar. Una altra part va caure a la roca; però, quan la planta començava a créixer, es va assecar, perquè no tenia saó. Una altra part va caure entre els cards; els cards van créixer al mateix temps i l'ofegaren. Una altra part de les llavors va caure en terra bona, va créixer i va donar fruit fins al cent per u.»

LLUC 8, 4-8

«La paràbola vol dir això:

La llavor és la paraula de Déu. Els d'arran del camí són els qui l'escolten, però després ve el diable i s'endu la paraula del seu cor perquè no creguin i no se salvin. Els de la llavor que cau a la roca són els qui escolten la paraula i l'acullen amb alegria, però no tenen cap arrel: creuen només per un moment, i a l'hora de la prova es fan enrere. La llavor que cau enmig dels cards són els qui escolten, però les preocupacions, les riqueses i els plaers de la vida els arrosseguen i acaben per ofegar-los, i no arriben a donar fruit madur. La llavor que cau en terra bona són els qui escolten la paraula amb un cor bo i generós, la retenen i amb perseverança arriben a donar fruit.»

LLUC 8, 11-15

L'originalitat del missatge de Jesús radica en el contingut de les seves paraules. Llegint i reflexionant amb atenció els evangelis el seguidor de Jesús pot adonar-se que:

– El **Regne de Déu** es fa present en la pròpia realització personal i en la construcció de la societat.

– Per al cristià, la **vida** es converteix en un do, un regal, per fer possible el projecte del Regne de Déu.

RECORDA

Per al cristianisme, el sentit de la vida consisteix a fer possible la **realització del projecte** iniciat per Déu.

ACTIVITATS

5.16. Busca en diaris, revistes o a través d'Internet anuncis publicitaris que prometin solucions miraculoses a una situació determinada i comenta'ls. Quina opinió et mereixen? Estàs disposat a fer-ne cas?

5.17. En el fragment bíblic Lc 10,30-37 trobaràs la paràbola del bon samarità. Extreu-ne la idea principal, digues quina qualitat destaca i com creus que pot interpel·lar o implicar la persona que l'escolta.

5.18. Busca en els evangelis altres paràboles que facin referència al Regne. Escriu quin valor es destaca en cadascuna.

La llavor que cau en terra bona arriba a donar fruit.

2.3. La proposta del Regne. Les Benaurances

En la Bíblia la situació de pobresa porta, als qui la pateixen, a no cercar altre suport, ajuda i defensa que Déu. El Regne de Déu és una notícia per a tothom, però els destinataris principals són els **pobres**: persones que posen tota la seva confiança en Déu. Així, Jesús, quan anuncia el Regne de Déu, s'adreça especialment a ells.

«Feliços els perseguits pel fet de ser justos: d'ells és el Regne del cel!» (Mt 5,10)

Els pobres i la situació de marginació i abandonament que pateixen per part de la societat són la prova evident que el projecte de Déu no ha arribat a tothom, que la seva justícia és encara absent.

En el sermó de la muntanya (Mt 5,1-12) hi trobem el text de les **Benaurances**. Aquesta proposta de felicitat feta per Jesús no és una llista de normes morals. Tampoc no és una sèrie de nous manaments. L'únic manament de Jesús és el de l'amor.

A través de les Benaurances, Jesús anuncia les **condicions** que fan possible la construcció del Regne.

«Feliços els qui ploren: Déu els consolarà!» (Mt 5,4)

Les Benaurances són exigents i, al mateix temps, són **alliberadores**. Jesús hi fa una relació de qui és o de qui pot ser veritablement feliç. No presenta unes pautes de vida cristiana, ni la manera de seguir-lo. No per ser pobre o plorar, per ser pacífic o misericordiós s'és seguidor de Jesús.

RECORDA

El creient, amb la pràctica de les **Benaurances**, manifesta una manera de viure com a seguidor de Jesús.

ACTIVITATS

5.19. Llegeix les Benaurances que trobaràs en els fragments bíblics següents: Lc 6,20-26 i Mt 5,1-12. Escriu-les i compara-les en una taula.

5.20. Inspira't en les Benaurances de Jesús i redacta un text adreçat a aquelles persones a les quals avui desitjaries felicitat. Què els proposaries com a recompensa?

2.4. La bona notícia del Regne

Jesús dóna a conèixer la realitat del Regne de Déu i l'anomena **bona nova**, bona notícia (Mc 1,14-15).

Jesús anuncia que la promesa de Déu comença a complir-se i que Déu ve a regnar d'una manera nova i definitiva, és a dir, que s'obre un camí nou cap a la **plenitud***.

Aquesta bona notícia, el cristianisme la defineix i la concreta:

– El Regne de Déu és un **procés**. No és una fita que s'hagi d'assolir de manera immediata. El camí cap al Regne s'inicia amb Jesús de Natzaret i té la seva continuïtat en el testimoni de vida de la comunitat dels seus seguidors, l'**Església**.

– Els **seguidors** de Jesús de Natzaret es converteixen, així, en **testimonis*** i **transmissors** d'aquest Regne mitjançant el seu exemple de vida i fan que aquest món sigui més just i fratern.

– El Regne de Déu té com a objectiu la **felicitat** de la persona.

– El Regne de Déu és un **do***, no és fruit de cap privilegi, no es pot comprar a terminis o per Internet, ni tampoc no es pot planificar, és un «regal» que Déu ofereix i dóna de forma gratuïta i que la persona accepta o rebutja, amb total *llibertat*.

– El Regne de Déu transforma la persona des del seu **interior**, no com un maquillatge extern o una operació de cirurgia estètica, sinó que ho fa partint de la voluntat interior de la pròpia persona.

El cristià està cridat a construir un món millor.

RECORDA

Acceptar el Regne de Déu és acceptar una manera de viure la **relació** amb Déu, amb un mateix i amb els altres, per arribar a la felicitat plena.

VOCABULARI

Plenitud. En la Bíblia, és la realització total de la persona, és a dir, la felicitat. S'acomplirà definitivament a la fi dels temps.

Testimoni. Per al cristianisme, és la persona que creu en Jesús i viu el seu missatge en les seves actituds de vida.

Do. Cosa donada, regal.

ACTIVITATS

5.21. Resumeix el que has après sobre el Regne de Déu: què és, quin és el seu objectiu, com arriba a les persones i de quina manera les transforma.

El Regne de Déu porta llibertat i alegria.

3. Fer possible el Regne de Déu

3.1. Les primeres comunitats cristianes

A partir de l'**ascensió*** de Jesús (Lc 24,50-53; Ac 1,1-11) i de la vinguda de l'Esperit Sant el dia de la **Pentecosta** (Ac 2,1-4), Jesús posa en mans dels seus seguidors la tasca de construir i fer progressar la realització del Regne a la terra, fins a l'arribada definitiva de la fi dels temps. Amb aquests dos fets, la presència física de Jesús entre els homes arriba al final i comença una nova etapa: **el temps de l'Esperit i de l'Església**.

Quan els deixebles van viure l'experiència de Jesús ressuscitat, van creure que aviat es restabliria el Regne a favor d'Israel. Cal recordar que la restauració del Regne, definitiu i nou, era l'esperança dels jueus d'acord amb el **Messies** que esperaven.

Però Jesús assenyala un altre horitzó:

«Ells, doncs, que es trobaven reunits, li preguntaren:
—Senyor, és ara que restabliràs el Regne a favor d'Israel?
Ell els contestà:
—No és cosa vostra de saber els temps i els moments que el Pare ha fixat amb la seva autoritat. Però vosaltres, quan l'Esperit Sant vindrà damunt vostre, rebreu una força que us farà testimonis meus a Jerusalem, a tot Judea, a Samaria i fins a l'extrem de la terra.»

FETS DELS APÒSTOLS 1,6-8

«Tots van quedar plens de l'Esperit Sant i començaren a parlar en diverses llengües.» (Ac 2,4)

97

La **Pentecosta*** portarà una situació nova: *«[...] cal predicar en nom d'ell* [el Messies] *a tots els pobles la conversió i el perdó [...].»* (Lc 24,47)

La comunitat dels *Dotze,* reunida el dia de la Pentecosta, i la varietat de nacions i llengües dels qui escolten la seva primera predicació posen de manifest la universalitat del missatge de Jesús.

VOCABULARI

Ascensió. Elevació de Crist al cel davant els seus deixebles, quaranta dies després de la resurrecció.

Pentecosta. Vol dir «cinquantè dia». És una de les festes importants dels antics israelites. Se celebra cinquanta dies després de la Pasqua. En aquest dia oferien els fruits de les primeres collites, en acció de gràcies. Durant aquesta festa té lloc la vinguda de l'Esperit Sant.

El missatge de Jesús és universal.

El primer resultat el tenim després de la vinguda de l'Esperit Sant:

> *«—¿No són galileus, tots aquests que parlen? Doncs com és que cada un de nosaltres els sentim en la nostra llengua materna? Parts, medes i elamites, habitants de Mesopotàmia, de Judea i de Capadòcia, del Pont i de l'Àsia, de Frígia i de Pamfília, d'Egipte i de les regions de Líbia tocant a Cirene, i els qui han vingut de Roma, tots, tant jueus com prosèlits, cretencs i àrabs, els sentim proclamar en les nostres pròpies llengües les grandeses de Déu.»*
>
> FETS DELS APÒSTOLS 2,7-11

«Germans, què hem de fer? [...] —Convertiu-vos [...].» (Ac 2,37-38)

A partir de l'experiència de la Pentecosta s'inicia el temps de l'**Església**, sota l'acció de l'Esperit de Déu. La comunitat que neix impulsada per la força d'aquest Esperit inicia la missió d'anunciar i portar la salvació de Jesús a tota la humanitat.

Aquest anunci es concreta en:

– **La predicació**: donant a conèixer la persona de Jesús i donant a conèixer el seu missatge.

– **El testimoni**: vivint i celebrant en la pròpia persona i en la comunitat la fe dipositada en Jesús i les actituds que proposa el seu missatge.

Ambdós aspectes resumeixen l'estil de vida de la primera comunitat, la dels apòstols, i aviat es posa de manifest que la construcció del Regne de Déu segons Jesús és possible:

> *«Tots eren constants a escoltar l'ensenyament dels apòstols i a viure en comunió fraterna, a partir el pa i a assistir a les pregàries. Per mitjà dels apòstols es feien molts prodigis i senyals, i la gent sentia un gran respecte. Tots els creients vivien units i tot ho tenien al servei de tots; venien les propietats i els béns per distribuir els diners de la venda segons les necessitats de cadascú. Cada dia eren constants a assistir unànimement al culte del temple. A casa, partien el pa i prenien junts el seu aliment amb joia i senzillesa de cor. Lloaven Déu i eren ben vistos de tot el poble. I cada dia el Senyor afegia a la comunitat els qui acollien la salvació.»*
>
> FETS DELS APÒSTOLS 2,42-47

RECORDA

Amb la vinguda de l'Esperit Sant, el dia de **Pentecosta**, s'inicia el temps de l'**Església** (comunitat).

ACTIVITATS

5.22. Què afirmen els cristians sobre el Regne de Déu? Com s'acompleix?

5.23. Repassa el text Ac 2,42-47 i destaca els aspectes que descriuen l'estil de vida dels seguidors del Regne de Déu.

5.24. Quines coses haurien de canviar perquè la societat actual s'assemblés al Regne que proposa Jesús?

4. Viure avui els valors del Regne

Els apòstols i les primeres comunitats cristianes van saber viure els valors del Regne de Déu: vivien units en la fe, compartien el pa, pregaven junts, atenien les necessitats de tothom. Durant més de dos mil anys aquest testimoni de les primeres comunitats s'ha anat transmetent i ha anat fent créixer la fe, l'esperança i l'amor en el cor de molts altres homes i dones d'arreu del món.

Avui la mateixa comunitat cristiana és exemple de l'acció salvadora de Déu a través de la seva vida i acció. Aquesta vida i acció són portadores de llibertat, pau, justícia i amor envers els més necessitats.

Els cristians, però, saben que encara queda molt per fer. Entre la humanitat no hi ha del tot justícia, no hi ha del tot llibertat, no hi ha del tot pau, no hi ha del tot igualtat i no es viu encara l'autèntica fraternitat, d'acord amb el projecte d'amor de Déu per a la humanitat. Per això, el missatge alliberador i de felicitat de Jesús, presentat en les Benaurances, continua sent vigent i necessari per a la societat del segle XXI.

Avui encara existeix injustícia i opressió en:

– El **poder científic** i **tecnològic**, quan privilegia* allò útil, manipulable i pràctic del coneixement humà i menysprea la dimensió transcendent i qualsevol altra explicació que s'escapi de la realitat mateixa.

– El **poder polític**, quan es preocupa d'atendre els interessos d'uns quants d'acord amb la pròpia ideologia i no pas de servir tots els ciutadans amb equitat*.

– El **poder socioeconòmic**, quan, de la mà dels sistemes polítics i econòmics, manté i augmenta les desigualtats entre els pobles; quan, dominat per sentiments de superioritat i d'intolerància, és font d'enfrontaments, racisme i xenofòbia*.

– El **poder religiós**, quan es mostra intransigent* i acaparador de l'única veritat absoluta i no reconeix que l'acció misericordiosa de Déu és més gran que qualsevol doctrina particular.

«—De plata i d'or no en tinc, però el que tinc, t'ho dono: en el nom de Jesucrist, el Natzarè, aixeca't i camina!» (Ac 3,6)

VOCABULARI

Privilegiar. Concedir un privilegi, un avantatge.

Equitat. Justícia, igualtat.

Xenofòbia. Odi als estrangers.

Intransigent. Que no fa concessions.

La desigualtat entre els pobles és una mostra d'injustícia i opressió.

– El **poder de la persona sobre l'altra persona**, quan, aprofitant-se dels diferents àmbits de poder, margina els altres o els sotmet al propi benefici.

L'Església, tota la comunitat de creients, des del papa i els bisbes fins als preveres i els creients, del primer a l'últim, té una tasca de denúncia i d'alliberament per dur a terme. Són moltes les iniciatives socials i les respostes de compromís que es van donant des del cristianisme, mostres que fan visible la realitat del Regne de Déu:

– **Comunitats de vida**: persones que s'apleguen* per compartir la vida, els béns i el servei als necessitats en diferents camps d'actuació: l'educació, la sanitat, el servei social a col·lectius marginats, etc. Les congregacions religioses són testimoni de la comunitat fraterna del Regne.

– **Associacions i fundacions**: persones que, de manera voluntària, s'apleguen i s'organitzen per dur a terme accions concretes de promoció i desenvolupament solidàries i justes (Càritas, Mans Unides, Proide, Intermón...).

– **Campanyes i accions**, ja siguin promogudes per comunitats, associacions o organismes o per iniciatives personals (projectes de desenvolupament social i cultural, atenció a malalts, a persones de la tercera edat, en situació de risc...).

Encara queden moltes cadenes per trencar i moltes mans per ajuntar.

RECORDA

L'**Església** és constructora del Regne de Déu quan, seguint el camí que Jesús va mostrar amb la seva predicació i amb la **donació** de la seva vida, **denuncia** la injustícia i **es compromet** en favor dels necessitats.

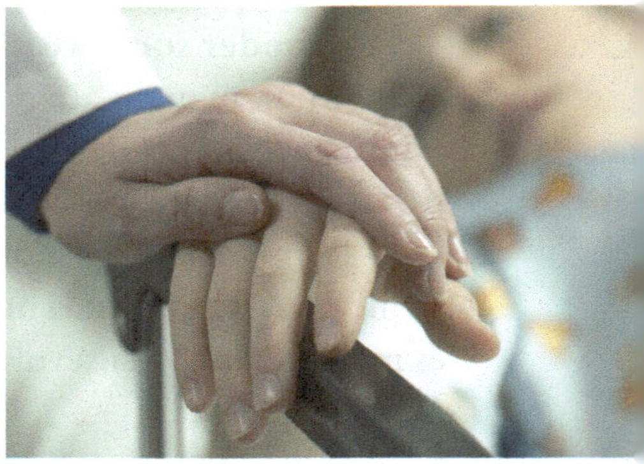

El servei és un forma visible de fer realitat el Regne de Déu.

ACTIVITATS

5.25. Formeu grups i elaboreu un dossier o un mural amb notícies d'actualitat que reflecteixin situacions d'injustícia i opressió. Classifiqueu-les segons el seu origen. Busqueu també informació de comunitats, associacions, organismes i accions actuals que treballen per eradicar les notícies dolentes que heu trobat.

5.26. Busca la pregària de sant Francesc d'Assís titulada *Senyor, fes de mi un instrument de la teva pau!* i llegeix-la atentament. A continuació, copia-la en el teu quadern i escriu al costat de cada expressió un exemple concret de com un jove de la teva edat pot ajudar a fer realitat el que es diu en la pregària.

5.27. Relaciona el Regne de Déu i la preocupació que cal tenir pel medi ambient.

VOCABULARI

Aplegar-se. Reunir-se.

5. Maria, model del creient

Moltes generacions de creients han mostrat la seva devoció cap a **Maria**, la mare de Jesús. Fixa't en la quantitat de temples i ermites que hi ha dedicades a la seva **advocació***: Montserrat, Farners, Queralt, Claustre, Camí, Cinta, Lluc...

Les actituds de Maria que trobem en els evangelis són model i exemple de vida per als creients:

– Per la seva fe i la seva **disponibilitat** davant el projecte de ser la mare de Jesús.

– Per la seva **capacitat** de pregària i de lloança.

– Per la seva **obertura** i la seva solidaritat.

– Per la seva **presència** en la comunitat cristiana.

– Per la seva **fortalesa** en les dificultats.

– Per la seva **fidelitat** en l'acompliment de la missió encomanada.

L'evangeli de Lluc presenta Maria com la primera seguidora de Jesús, la **primera cristiana**. És una de les principals figures del primer capítol; ho veiem en l'**anunciació** de l'àngel (Lc 1,26-38), en la **visitació** a Elisabet (Lc 1,39-45), quan surt a trobar la seva parenta i li dóna testimoni de servei i li transmet l'Esperit del Senyor, i en la proclamació del **magníficat*** (Lc 1,46-56), quan prega, dóna gràcies i celebra els favors que ha rebut de Déu.

Maria és model per al creient perquè va saber encarnar els diferents valors del Regne de Déu: **va rebre** l'Esperit, **va portar** amb ella la presència del Fill de Déu, **va comunicar** l'Esperit i **va celebrar** el do de Déu en la seva vida.

Maria, la mare de Jesús.

RECORDA

Maria és model per al creient, perquè va saber encarnar els **valors** del Regne de Déu.

ACTIVITATS

5.28. Què vol dir que Maria era la «primera cristiana»?

5.29. Busca en alguna enciclopèdia, en la premsa o a través d'Internet informació sobre alguna marededéu propera a la teva localitat o que sigui patrona de la comarca i fes-ne una petita auca.

VOCABULARI

Advocació. Títol afegit al nom de Jesucrist, al de la Mare del Fill de Déu o al d'un sant que posa en relleu alguna característica seva o alguna circumstància important o que indica un lloc geogràfic amb el qual té relació.

Magníficat. Càntic que l'evangeli de Lluc posa en boca de Maria quan aquesta va a visitar la seva cosina Isabel.

6. La vinguda definitiva del Regne

Els homes i dones de tots els temps han cercat i continuen cercant la seva plena realització, que és com dir la **felicitat plena**. Per arribar-hi, des de les diferents creences religioses —cristians, budistes, hindús, jueus, musulmans, creients de totes les confessions*— s'han traçat pautes o camins de conducta amb la convicció que es faci realitat.

Els cristians, recordant les paraules de Jesús, *«Tothom coneixerà que sou deixebles meus per l'amor que us tindreu entre vosaltres»* (Jn 13,35), posen de manifest que el camí de la felicitat és una tasca que s'aconsegueix per mitjà de l'amor autèntic. Per això, adherits fidelment a l'evangeli de Jesús i units amb tots els qui estimen i practiquen la justícia, la pau i la fraternitat, siguin quins siguin, saben que el Senyor els concedirà aquest do per sempre.

Judici final, ***de Miquel Àngel, detall de la Capella Sixtina (Ciutat del Vaticà).***

Cada vegada que la persona, a casa, a l'escola, a la feina o amb els amics, té cura dels altres i fa les seves accions amb amor i dedicació, està construint el Regne de Déu. No serà una presència definitiva i total d'aquest Regne, però la «llavor» ja és plantada.

No pertoca als homes decidir quan s'ha d'acomplir definitivament la realització del Regne de Déu. Només Déu ho sap, i només ell té decidit el moment de la realització plena —*«el Fill de l'home vindrà a l'hora menys pensada»* (Mt 24,44)— i la manera com posarà de manifest la seva justícia i misericòrdia (Mt 20,1-16).

RECORDA

Només Déu sap i decidirà el moment de la **vinguda definitiva del Regne**.

VOCABULARI

Confessió. Religió, creença.

ACTIVITATS

5.30. En el fragment bíblic Mt 25,1-30 Jesús fa referència a la vinguda definitiva del Regne de Déu. Digues quin final tindrà cadascun dels personatges que hi apareixen.

5.31. La paràbola dels treballadors de la vinya (Mt 20,1-16) presenta quina mena de justícia és la de Déu. Llegeix el text i estableix una comparació entre la justícia de Déu i la justícia dels homes.

5.32. Busca en enciclopèdies i a través d'Internet informació sobre l'obra *Judici final* de Miquel Àngel i fes-ne una interpretació i una valoració.

Un pas més

Vegem dues maneres de treballar en la construcció del Regne de Déu, seguint la proposta de Jesús de Natzaret.

Jo he somiat

«*Jo he somiat*
que els homes, un dia,
s'aixecaran i comprendran
d'una vegada que han estat fets
per viure junts
com a germans.
Jo he somiat aquest matí
que, un dia,
cada negre d'aquest país,
cada home de color de qualsevol lloc del món
serà jutjat per la seva vàlua personal
i no pel color de la seva pell,
i que tots els homes respectaran
la dignitat de la persona humana.
Jo he somiat també
que, un dia, els ventres buits
es podran omplir,
que la fraternitat serà quelcom més
que uns mots al final de la pregària,
que serà el tema principal
de l'ordre del dia dels governs.
Jo he somiat encara
que, un dia, la justícia brollarà com l'aigua
i l'honradesa com el gran torrent.
Jo he somiat també avui
que en totes les altes esferes de l'Estat
i en tots els municipis hi entraran
els ciutadans elegits que ens faran justícia,
estimaran la pietat
i caminaran humilment
pels camins de llur Déu.
Jo he somiat també
que, un dia, no hi haurà més guerra,
que els homes,
de les espases en faran relles
i de les llances, falçs,
que les nacions no s'aixecaran més
l'una contra l'altra
i que deixaran de fer-se la guerra [...].»

MARTIN LUTHER KING
Pren-te temps I
Claret

La vida és...

«La vida és una oportunitat, **aprofita-la**!
La vida és bellesa, **admira-la**!
La vida és un somni, **fes-lo realitat**!
La vida és un repte, **afronta'l**!
La vida és un deure, **compleix-lo**!
La vida és un joc, **juga-la**!
La vida és preciosa, **tingues cura d'ella**!
La vida és riquesa, **conserva-la**!
La vida és amor, **gaudeix-la**!
La vida és un misteri, **descobreix-la**!
La vida és tristesa, **supera-la**!
La vida és un cant, **canta-la**!
La vida és una lluita, **accepta-la**!
La vida és una tragèdia, **domina-la**!
La vida és una aventura, **arrossega-la**!
La vida és felicitat, **mereix-la**!
La vida és la vida, **defensa-la**!
La vida és un regal, **agraeix-la**!
La vida és un camí, **recorre'l**!
La vida és gratuïta, **dóna-la gratuïtament**!
La vida és Crist..., **segueix-lo**!»
La vida és...»

MARE TERESA DE CALCUTA
Pren-te temps V
Claret

Síntesi de la unitat

- Des de sempre, les persones cerquen un **món millor**, tant pel que fa a les seves condicions de vida com a la seva realització personal i social.
- En l'Antic Testament el lloc on tot seria millor i tothom seria més feliç s'anomenava la **terra promesa**.
- En l'Antic Testament el poble d'Israel viu la realització del **Regne** a partir de la fidelitat a l'aliança amb Déu.
- El poble d'Israel desperta a l'esperança de salvació amb la vinguda d'un **Messies**.
- **Jesús de Natzaret** és el Messies enviat per Déu.
- Per al cristianisme, el sentit de la vida consisteix a fer possible la **realització del Regne de Déu**, que és el projecte anunciat per Jesús.
- Amb la persona de Jesús de Natzaret, el Messies, es fa present el **Regne de Déu**.
- Jesús mostra, amb autoritat, a través de les seves **paraules** i els seus **gestos**, quina és la voluntat de Déu.
- Els **elements centrals** de la predicació del Regne són:

  – Els **signes** o **miracles**, que són la manifestació més clara que la construcció del Regne de Déu ja s'ha fet present.

  – Les **paràboles**, que serveixen perquè la persona que les escolta hi descobreixi el projecte de Déu.
- Jesús ensenya que, per participar en la construcció del Regne de Déu, cal seguir el camí de les **Benaurances**.
- El creient, amb la pràctica de les Benaurances, manifesta una **manera de viure**, com a seguidor de Jesús.
- Acceptar el Regne de Déu és acceptar una manera de viure la **relació** amb Déu, amb un mateix i amb els altres, per arribar a la felicitat plena.
- Amb la vinguda de l'Esperit Sant, el dia de **Pentecosta**, s'inicia el temps de l'**Església** (comunitat).
- L'**Església** és constructora del Regne de Déu quan, seguint el camí que Jesús va mostrar amb la seva predicació i amb la **donació** de la seva vida, **denuncia** la injustícia i **es compromet** en favor dels necessitats.
- **Maria** és model per al creient, perquè va saber encarnar els **valors** del Regne de Déu.
- Només Déu sap i decidirà el moment de la **vinguda definitiva del Regne**.

Activitats de síntesi

5.1. Copia i completa el text següent amb aquestes paraules:

Jesús – signes – proposar – Jesús – paràboles – presentar
Jesús – Benaurances – miracles – mostrar – construcció – grandesa

– Per .... la .... del Regne de Déu, ... duu a terme .... salvadors: els ....
– Per .... el Regne de Déu i les seves característiques, ... utilitza ....
– Per .... la .... del Regne de Déu, ... presenta un model de vida: les ....

5.2. Completa:
– La comunitat cristiana neix sota l'................................ de l'................................ .
– La comunitat cristiana té l'encàrrec d'................................ i portar la .... de Jesús a tota la humanitat.

5.3. Fes un esquema de les característiques del Regne que presenta Jesús.

5.4. Què volen expressar els signes i les paràboles del Regne?

5.5. Quin és el valor principal del Regne de Déu de què ens parla Jesús? Inventa una paràbola que el posi en relleu.

5.6. Quins són els destinataris principals del Regne de Déu?

5.7. Quins són els elements centrals de l'anunci i la predicació que fa l'Església?

5.8. Busca informació sobre alguna ONG, fundació o organització que treballi a favor dels més necessitats i fes un tríptic o un mural informatiu per donar a conèixer els diferents projectes en què treballa, on ho fa i per què.

5.9. Escriu en una columna cinc tipus diferents de poder i al costat de cadascun anota quan poden ser causa d'injustícia i d'opressió.

5.10. Per què es diu que Maria és model per al creient?

5.11. Redacta una biografia breu dels personatges següents i destaca valors del Regne en cadascun d'ells.
– Martin Luther King
– Mare Teresa de Calcuta
– Sant Francesc d'Assís

UNITAT 6

La relació entre la persona i Déu

El rostre humà de Déu

I TU, QUÈ HI DIUS?

6.1. Què vol dir la paraula *transcendència*?

6.2. Coneixes alguna resposta que donen les religions al misteri de Déu? Quina?

6.3. Què entens per *realització personal*?

6.4. Com saps que una cosa o una acció és bona o dolenta?

6.5. Quin és el significat de la paraula *laic*?

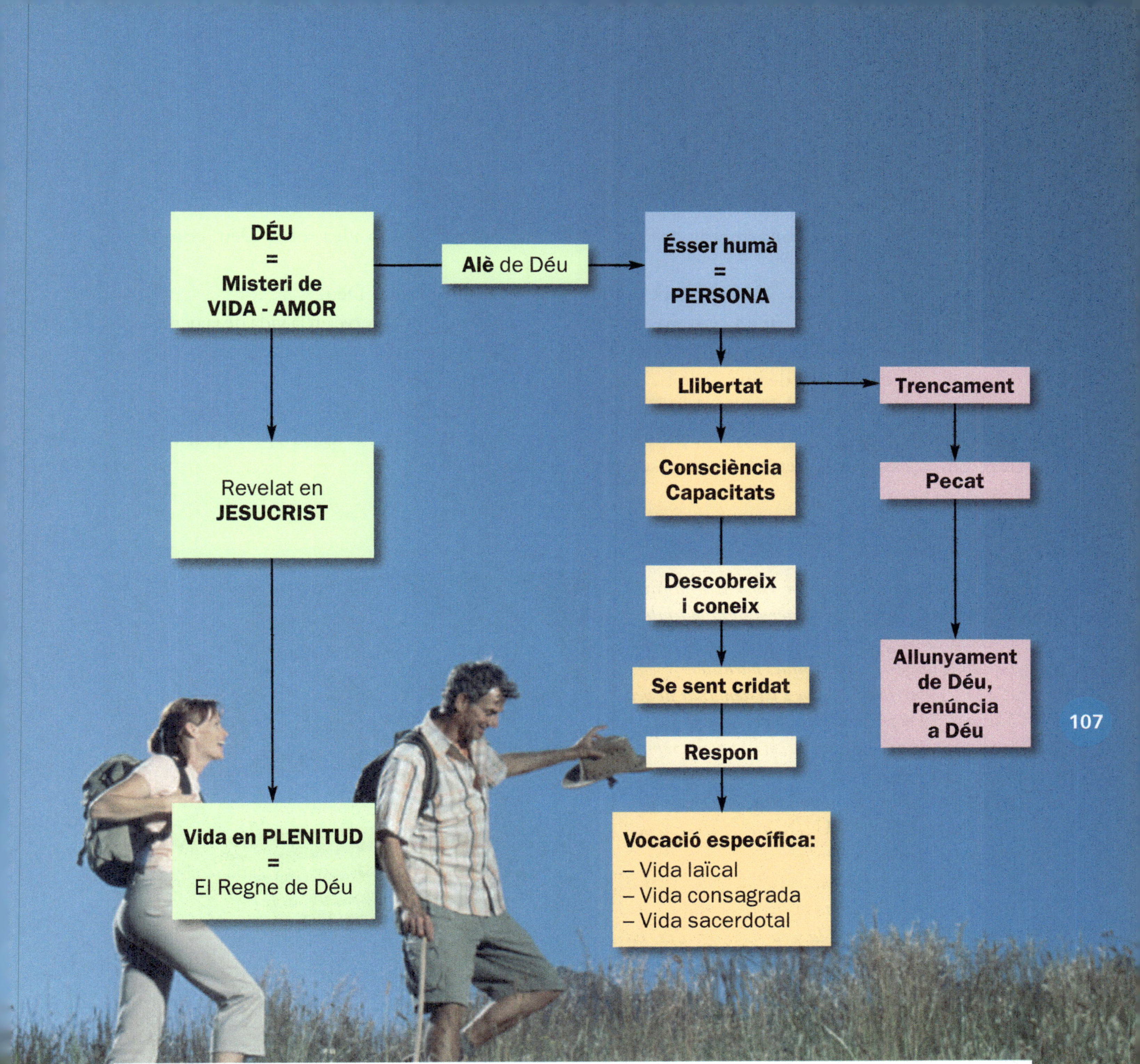

L'home ha estat, és i continuarà sent un misteri per al mateix home. Vivim en l'era de les grans tecnologies i dels grans avenços científics, que busquen una explicació a tot allò que avui encara és una incògnita, incloent-hi el *misteri* de l'origen de l'ésser humà.

El cristià està convençut que les persones no són producte d'una casualitat, que la seva existència no és fruit de l'atzar. El creient descobreix en la pròpia realitat l'existència d'un ésser superior, que anomena *Transcendent*, **Déu**.

En aquesta unitat didàctica veurem com el cristià acull, lliurement, aquest Déu com a principi que guiarà tota la seva vida. També veurem com Déu ha volgut donar-se a conèixer als homes perquè aquests visquin el seu missatge d'**amor**.

Com ho veuen?

Experimentar Déu

Segurament que més d'una vegada has sentit o t'has plantejat alguna idea sobre Déu, com per exemple:

– Si hom reconeix que **Déu existeix**, aleshores es pot experimentar Déu.

– Si hom afirma que **Déu no existeix**, aleshores això implica que no intervé en la vida de la persona.

– Si hom reconeix que **Déu pot existir**, aleshores s'obre un camí cap a la receptivitat, una possibilitat, s'accepta el risc de buscar-lo i... de trobar-lo.

Aquestes tres proposicions poden ajudar-te a descobrir el missatge dels dos relats que et presentem a continuació. Són històries plenes d'un gran contingut humà, vivencials, però que, al mateix temps, ens aproximen a la realitat, sempre miseriosa, de Déu.

Els dos rems

«A la vora d'un gran riu entre muntanyes, un vell barquer esperava amb la seva barca la gent per traslladar-la a l'altra banda. Era persona de poques paraules.

Un dia, va arribar un jove i va demanar al vell barquer que el passés a l'altra vora del riu. Ell acceptà, sense dir una paraula, i es va posar a remar.

Mentre anaven avançant, a la meitat del trajecte, el jove, encuriosit, va observar que en un dels rems es podia llegir DÉU *(l'ús diari dels rems havia anat esborrant altres lletres).*

El jove, molest per la paraula DÉU, *la qual li semblava passada de moda, va començar dient: "Avui dia l'home, amb la seva intel·ligència, ha descobert els secrets del món i de la vida... A mi em sobra Déu."*

El vell va callar. Va prendre el rem on es podia llegir la paraula DÉU, *el va deixar al fons de la barca i va continuar remant només amb l'altre rem, on hi havia escrita la paraula* JO.

La barca va deixar d'avançar, va començar a donar voltes sobre si mateixa i a ser arrossegada pel corrent. El jove va quedar pensatiu...

El vell barquer va trencar el silenci: «Necessitem DÉU i els ALTRES, que és la paraula que quasi no es pot llegir, gastada per la rutina diària. I sé que Ell i ells compten amb mi, com ho has fet tu, jove amic." I mirant l'horitzó afegí: "Encara he descobert una cosa més: que Déu i els altres van inseparablement units."

I agafant novament el rem on es podia llegir DÉU, *va continuar remant i acompanyant el jove a l'altra riba.»*

HOMILÈTICA, NÚM. 5 (2001)

Petjades a la sorra

«Una nit un home va tenir un somni:
Es veia a si mateix caminant per la platja al costat de Déu. Al cel es veien reflectides escenes de la seva vida. Davant de cada escena veia, a la sorra, dos parells de petjades: les seves i les de Déu.

Després que passés davant d'ell l'última escena del seu somni, es va tornar a mirar les petjades a la sorra. Va notar que en moltes ocasions, al llarg de la seva vida, només hi havia un parell de petjades.

Es va adonar que aquest fet havia succeït en els moments més tristos i foscos de la seva vida, la qual cosa el va entristir molt. I va dir a Déu:

"Senyor, vas dir-me que, una vegada decidís seguir-te, caminaries amb mi fins al final. Tanmateix, he notat que en els moments més difícils de la meva vida, només es veuen les empremtes de dos peus. No entenc per què m'abandonaves quan més et necessitava."

El Senyor li va respondre: "Fill! Benvolgut fill meu; jo t'estimo i mai no t'he abandonat. En els teus moments de prova i patiment, quan veies que només hi havia dues petjades, era perquè jo et portava en braços."»

Si bé és cert que mai ningú no ha vist Déu, també és cert que hi ha hagut testimonis significatius que l'han fet proper i l'han donat a conèixer.

Hi ha persones a les quals es fa difícil creure en l'existència de Déu o, fins i tot, n'hi ha altres que la neguen. Però també molts creients, al llarg de la història, han experimentat i experimenten en la seva vida una presència de Déu que els mou a viure i a actuar donant-se als altres d'una manera significativa, en favor de la construcció d'un món segons la proposta de l'evangeli de Jesús.

ACTIVITATS

6.6. Fes una valoració de la resposta que dóna el barquer al jove, referent a les expressions escrites en els dos rems.

6.7. En el text *Petjades a la sorra*, què deu voler dir l'expressió «era perquè jo et portava en braços»?

6.8. Feu parelles i durant cinc minuts defenseu, l'un, l'afirmació «Déu existeix» i, l'altre, l'afirmació «Déu no existeix». Després, expliqueu les sensacions que heu tingut.

1. Déu, misteri i...

És possible que t'hagis preguntat sobre l'existència de Déu més d'un cop. Potser tens una resposta, potser tens alguns dubtes, potser molts... En la nostra societat sovint s'afirma l'existència de Déu. També en els cercles d'amics, en la nostra família, a l'escola... trobem moltes persones que afirmen tenir una *creença en Déu*.

1.1. La pregunta sobre Déu

La nostra societat, tradicionalment cristiana, s'ha encarregat de donar-nos a conèixer l'existència de Déu com una única veritat possible. Això ha fet que, sovint, no ens hàgim qüestionat la importància d'aquesta afirmació.

Durant molts segles, en la nostra cultura ha predominat una idea o concepte de l'existència d'un Déu únic.

Avui la nova situació intercultural* i interreligiosa*, el fenomen de la globalització*, els mitjans de comunicació (Internet, la televisió, la ràdio, la premsa...) han aportat nous valors i principis morals, noves visions sobre el fet religiós, les creences i Déu.

Quan la persona es planteja el coneixement de Déu, ha de tenir en compte que:

– El coneixement de Déu s'expressa a través del **llenguatge humà**.

– El **llenguatge** és, per definició, **limitat**. La persona mai no podrà conèixer ni **abastar del tot Déu** i la seva realitat.

– Tota **resposta** que es doni sobre Déu sempre serà **finita i no completa**.

Quan el busques, no el trobes; quan el tens, ja no és Ell. (Sant Agustí)

VOCABULARI

Intercultural. Diversitat de cultures que es relacionen i s'influencien entre si.

Interreligiós. Que es relacionen, s'influencien i conviuen diverses religions o creences al mateix temps en un mateix lloc o àmbit.

Globalització. Procés pel qual un fenomen social o polític esdevé d'àmbit universal.

RECORDA

El **llenguatge humà** és un mitjà a través del qual les persones poden parlar de Déu i sobre Déu. Però el llenguatge humà és limitat i, conseqüentment, la resposta que es doni sobre Déu també ho serà.

ACTIVITATS

6.9. Busca en llibres d'art o a través d'Internet imatges de com els diferents artistes (pintors, escultors...) han representat Déu al llarg de la història, i intenta descriure-les tant objectivament (elements que hi surten, detalls significatius), com subjectivament (quines sensacions o impressions et causen).

1.2. Entendre la vida

La vida de cada persona es dóna al voltant d'una realitat concreta, amb les seves possibilitats i els seus límits: naixem en un context geogràfic, històric i social, fem servir un llenguatge propi, passem per diverses etapes en la vida (infantesa, adolescència, joventut i edat adulta). Aquesta realitat particular és la que condiciona, mediatitza* i fa créixer, és a dir, fa ser a cadascú allò que ha de ser.

La **felicitat** plena, la pròpia i la dels altres, es va descobrint i es va fent realitat en la mesura que hom és capaç d'acceptar la propia vida i el seu entorn com a lloc de realització* personal, d'obrir-se, de solidaritzar-se i d'acceptar els altres.

Quines són les qüestions vitals?

Però actituds com l'egoisme, la violència, el *tot s'hi val*, la intolerància*, etc. fan que moltes persones s'allunyin cada cop més d'aquest projecte. Des d'aquesta visió, la persona pot:

– **Fer-se un món a la seva mida** on ella és el centre. Així, per exemple, Internet, els xats i els videojocs utilitzats sense mesura poden ser realitats que *faciliten* una fugida vers un món imaginari.

– **Evitar pensar en qüestions vitals** sobre la vida, el sofriment, el bé i el mal i, també, l'existència de Déu.

Quan Déu s'associa a conceptes com *justícia, salvació, amor...*, expressions com, per exemple, «*Quina culpa en tinc jo?*», «*A mi, què m'expliques?*», «*Passo de Déu!*»... poden ser afirmacions que justifiquin un cert passotisme i una manca de responsabilitat davant la vida.

RECORDA

La finalitat de l'ésser humà és la **realització personal**: créixer i enriquir-se com a persona dins d'un entorn social.

ACTIVITATS

6.10. Imagina't com seria la pàgina web de Déu: quina informació hi posaries, quins enllaços hi afegiries, quina mena de fotografies faries servir...

6.11. En aquest moment de la teva vida, quins creus que són els cinc motius principals pels quals estàs content d'haver nascut?

6.12. Quines dificultats trobes per a la teva pròpia realització personal? De quina manera creus que es podrien superar?

6.13. Dissenya un cartell que convidi els companys de la classe o del centre a lluitar contra el passotisme que impera avui en una part de la societat. Explica oralment com has organitzat el cartell.

VOCABULARI

Mediatitzar. Influir.

Realització. Acció d'assolir una persona l'acompliment o el ple desenvolupament de les pròpies possibilitats i aspiracions.

Intolerància. Manca de tolerància, de respecte envers les conviccions d'algú en matèria religiosa, política, ètica, etc.

2. Preguntar-se sobre Déu i descobrir Déu

La vida humana és el bé més valuós. La vida, com a valor fonamental, no té preu. El cristianisme fonamenta aquesta afirmació en l'origen diví de la vida.

Déu ha volgut dir qui és, ha volgut donar-se a conèixer. A través de la història, i de manera pedagògica*, ha explicitat la seva presència:

– Per la **revelació***: Déu intervé i es fa present en la història del poble d'Israel.

– Per la seva **encarnació***: Déu s'ha fet home en Jesús de Natzaret.

– Per la seva pròpia **manifestació**: Déu continua present i segueix actuant a través de l'Esperit Sant.

Mosaic bizantí (segles XII-XIII) titulat **La creació de l'home** *(catedral de Monreale, Sicília).*

El cristià descobreix i coneix Déu tot interrelacionant-s'hi:

– En l'àmbit **transcendent**: al llarg de la seva vida el cristià vol donar resposta a la iniciativa creadora de Déu.

– En l'àmbit **personal**: el cristià busca enriquir i potenciar* la pròpia persona i vincular-la al projecte que Déu té per a la humanitat.

– En l'àmbit **social**: el cristià vincula la seva existència i tota la seva vida als altres i, a través de l'ús de la seva pròpia llibertat, és capaç de sentir-se germà d'ells i d'establir vincles de **fraternitat**.

2.1. El mot *Déu*

Alguns dels **noms** i els **trets** que les persones han atribuït a Déu són:

– **Gran Rei**: al qual cal respectar i admirar per la seva grandesa.

– **Jutge**: que sempre està pendent de la manera d'actuar de les persones per premiar-ne les bones accions i castigar-ne les dolentes.

– **Amo**: al qual cal servir i obeir per no desvetllar la seva fúria i la seva ira.

– **El Déu dels altres**: que ho dóna tot als altres, però que m'oblida a mi i només m'ocasiona patiments.

– **Titellaire**: que juga amb els fils del món a la seva manera. Tot el que passa és perquè ell ho vol així i ho permet. Dirigeix el quefer* dels homes i el curs dels esdeveniments.

– **Pare bo**: que ens estima sense condicions. És igual allò que fem i com ens comportem... Ell ens estima igualment.

– **Farmàcia oberta les 24 hores**: al qual es pot acudir quan es necessita alguna cosa, quan un es troba malament amb si mateix.

– **Just**: que judica els homes amb entranyes de misericòrdia.

VOCABULARI

Pedagògic. Educatiu.

Revelació. Acte pel qual Déu es manifesta als homes i els descobreix el seu designi de salvació.

Encarnació. Dogma segons el qual en Crist, criatura humana, es manifesta personalment la paraula de Déu.

Potenciar. Fer esdevenir més potent, fomentar, impulsar.

Quefer. Afer, cosa a fer d'una certa importància; allò en què s'inverteix treball, atenció o temps.

– **Avi bo**: un vell amb barba blanca que m'ho consent tot i em dóna tots els plaers, a qui puc utilitzar com jo vulgui i en tot moment.

– **Un «col·lega»**: de qui puc disposar per a tot. És el *col·lega* que sempre m'ajuda en allò que faci falta. Sempre és al meu costat.

– **Mag**: que, si li posem ciris o li resem una pregària concreta, ens solucionarà els problemes.

– **Misericordiós**: capaç de perdonar i d'oblidar el mal que fem.

– **Sàdic**: al qual agraden els sacrificis i les privacions de les persones.

– **Formalista***: un Déu a qui podem conformar si anem a missa i resem, sense que li importi gaire el que farem després.

– **Comerciant**: al qual, si li donem alguna cosa en canvi, podem demanar-li allò que vulguem.

– **Venjatiu***: la reacció del qual hem de témer si ens comportem malament.

– **Amor**: que estima tothom sense fer distincions de cap mena.

La persona és capaç de «recrear» la imatge que té de Déu.

ACTIVITATS

6.14. Fes un resum en forma d'esquema de com Déu ha manifestat la seva presència, és a dir, de com s'ha donat a conèixer i de com el cristià s'hi interrelaciona en diferents àmbits.

6.15. Entre tota la classe, formeu grups reduïts, elaboreu targetes i presenteu en cadascuna una de les imatges de Déu que hem descrit anteriorment. Seguiu aquests passos:

a) Elaboreu les targetes amb dibuixos.

b) Per grups, classifiqueu les targetes segons que considereu que són imatges de Déu positives o negatives.

c) Establiu un diàleg a partir del contingut de cada targeta (la podeu triar a l'atzar). Podeu iniciar el diàleg a partir de la pregunta següent: Et sembla que la imatge de la targeta s'apropa a la imatge de Déu que té el cristianisme?

d) A continuació, feu una exposició a partir de les targetes que presenten imatges positives de Déu.

e) Per acabar, comenteu cadascú quina imatge teniu de Déu.

6.16. Quines altres imatges de Déu hi afegiries? Per què? Com definiries cadascuna d'aquestes imatges?

VOCABULARI

Formalista. Que li agraden els rituals, les bones maneres, les formes més que no pas el fons.

Venjatiu. Inclinat a danyar algú a causa d'un greuge o ofensa.

Les tradicions jueva, cristiana i musulmana ens aproximen i ens ajuden a conèixer l'abast del mot *Déu*. Totes tres coincideixen en el fet que no es pot comprendre Déu fora de l'experiència de l'amor.

Les expressions que més aproximen el contingut d'aquest amor en les tres tradicions religioses són: entranyable*, misericordiós*, gratuït, fidel, pacient i sempre disposat al perdó.

Aquestes expressions, que defineixen atributs o qualitats de Déu en grau absolut, els cristians les han resumides en l'afirmació **Déu és amor**.

La història de la salvació i, de manera excepcional, l'experiència de Jesucrist, han il·luminat aquesta comprensió de Déu. Així, el fet de creure en el Déu únic cristià porta tot creient a:

– Confiar que **tots els homes i dones són acollits i estimats per Déu**, com a autèntic pare.

– Viure les relacions personals i socials des de l'**amor fratern**, com a resposta a l'amor de Déu.

Llegeix ara, amb atenció, el text següent:

«Estimats meus, estimem-nos els uns als altres, perquè l'amor ve de Déu; tothom qui estima ha nascut de Déu i coneix Déu. El qui no estima no coneix Déu, perquè Déu és amor. [...] L'amor consisteix en això: no som nosaltres qui ens hem avançat a estimar Déu; ell ens ha estimat primer i ha enviat el seu Fill com a víctima que expia els nostres pecats.
Estimats meus, si Déu ens ha estimat tant, també nosaltres ens hem d'estimar els uns als altres. [...] Si algú afirmava "Jo estimo Déu", però no estima el seu germà, seria un mentider, perquè el qui no estima el seu germà, que veu, no pot estimar Déu, que no veu.»

PRIMERA CARTA DE JOAN 4,7.10-11.20

Si Déu ens ha estimat tant, també nosaltres ens hem d'estimar.

RECORDA

El cristià està cridat a viure l'estimació vers els altres a semblança de Déu, que es presenta al costat de tota persona com:
– Un Déu **entranyable** i **misericordiós**.
– Un Déu que **estima gratuïtament**.
– Un Déu **atent**, **proper** i **digne de confiança**.
– Un Déu que **perdona**, **fidel** i **pacient**, que vol que les persones siguin **felices**.

VOCABULARI

Entranyable. Ple de sentiments íntims d'afecte, predilecció, simpatia i estima.

Misericordiós. Compassiu, benigne, favorable, bo, generós, benèvol.

ACTIVITATS

6.17. Llegeix el text de la primera carta de Joan que hi ha en aquesta pàgina i extreu-ne tres idees que relacionin Déu, l'amor i els altres.

3. Si Déu és amor, per què existeix el mal?

La visió cristiana del món i de la vida, partint de l'acció creadora de Déu Amor, és una visió positiva, en què Déu acompanya, ensenya i deixa en mans de la humanitat les pròpies decisions.

La **vida** és única i irrepetible, volguda i donada expressament per Déu. Implica el deure i la responsabilitat de respectar la pròpia vida i la dels altres.

La persona té el dret de prendre, **lliurement**, les pròpies decisions.

La persona és un ésser **intel·ligent**, capaç de conèixer i dominar tot allò que Déu ha creat i ha posat al seu servei. És un ésser que, a través del seu esforç, és capaç de transformar i desenvolupar la pròpia vida, la vida dels altres i tota la creació.

Els valors positius de la vida són per compartir-los amb els altres.

La persona se sent veritablement realitzada quan és capaç d'**estimar** i de sentir-se estimada, perquè l'ésser humà ha estat creat per viure una relació d'amor.

RECORDA

La persona, des dels seus orígens, està orientada al **bé**.

3.1. El mal: una realitat exterior

Al llarg de la història de la humanitat la societat i les persones constaten la presència del **mal**: la fam que pateixen milions d'éssers humans, les guerres que maten i destrossen vides i famílies, el terrorisme, els règims dictatorials, l'odi, les enveges, l'egoisme..., a més de totes aquelles situacions que són fruit de la intolerància, la injustícia, la marginació i la pobresa del nostre món.

Els desastres naturals són conseqüència de les lleis de la natura.

No hem de confondre el mal que ocasionen les persones amb les catàstrofes provocades per esdeveniments naturals, que són conseqüència de les lleis de la física que regeixen la natura. Així, terratrèmols, tsunamis, huracans... són fenòmens que no sempre es poden preveure i s'escapen de les previsions de l'home.

Els desastres naturals provoquen desajustaments* en la realització de la persona i les societats. Però hi ha altres situacions negatives que sorgeixen de les relacions entre les persones.

Però creients i no creients es pregunten: per què hi ha persones que no són capaces de conviure i de relacionar-se amb respecte? Per què hi ha persones que maltracten els altres? Per què hi ha persones que destrossen les vides d'altres éssers vius?

RECORDA

El **mal** és una realitat present al nostre món.

3.2. El trencament: origen del mal

Tot i l'origen bo i positiu del món i de la humanitat, el decurs de la història, la realitat social i la pròpia existència, sovint, mostren situacions i patiments que no permeten a l'ésser humà créixer com a persona.

Sovint constatem situacions de mal al món.

Per a l'Església, no solament hi ha una situació de mal personal de tots els individus. També hi ha una situació de mal que afecta totes les persones i que forma un tot amb els altres. És la que es descriu en el llibre del Gènesi de la Bíblia, quan es parla del mal o *pecat dels orígens* (Gn 3,1-24). Una situació no volguda per Déu.

El relat del *pecat dels orígens* vol donar resposta a l'experiència de trencament de la humanitat amb Déu i la privació* de la seva presència. Aquesta realitat és la que configura la presència del mal o pecat al món.

RECORDA

S'anomena **pecat dels orígens** el trencament de la humanitat amb Déu.

ACTIVITATS

6.18. Enumera cinc qualitats que t'ajuden a créixer i a enriquir-te com a persona i cinc defectes que creus que no t'hi ajuden gens. Fes-ne una valoració.

6.19. Per grups, feu un mural a partir de notícies dels diaris en què es distingeixin les catàstrofes naturals dels mals ocasionats per la intervenció de l'home.

VOCABULARI

Desajustament. Manca d'ajust, d'acomodació, d'adaptació.

Privació. Mancança, absència.

3.3. La visió cristiana del mal o pecat

Jesús ajuda a recuperar la relació de la persona amb Déu i el proïsme.

El cristià està convençut que Déu no vol el mal. Però quan la persona trenca la bona relació amb l'altre de forma voluntària i conscient, produeix el mal i s'allunya de Déu.

Tot acte voluntari i conscient de la persona de *trencar* la relació amb Déu i amb l'altre, d'*atemptar* contra la vida pròpia o d'altri, de *destruir* el projecte de Déu per a la humanitat, el cristià l'anomena **pecat**.

Així, segons el cristianisme, quan una persona peca:

– **S'allunya de Déu**: quan una persona peca està contradient el bé més preuat que pot tenir, Déu que és amor (1Jn 4,8).

– **S'atura el procés del propi creixement personal**: la seva pròpia vida com a persona queda desdibuixada i fa que hom no se senti bé amb ell mateix.

– **S'allunya dels altres**: perjudica la vida i la felicitat de l'altre.

Per comprendre el sentit del pecat, els cristians tenen com a referència allò que Jesús diu i fa: el missatge de Jesús en els evangelis. Jesús centra com a valor les actituds que les persones manifesten en les seves relacions amb Déu, amb un mateix i amb el proïsme.

– En el relat de les temptacions de Jesús (Lc 4,1-13) s'assenyala la total comunió entre ell i Déu.

– Jesús critica la hipocresia dels que, tot afirmant la creença en Déu, es mouen per interessos personals i partidistes* (Mt 18,6-7; 25,41-46; Lc 6,37-42).

– Jesús assenyala un tipus de mal que neix de les actituds negatives de l'interior de la persona (Mc 7,20-23; Lc 6,43-45).

– Jesús fa referència al mal que es pot provocar amb actituds negatives amb els altres (Mt 18,23-35; Mc 9,42-50; Jn 8,1-11).

VOCABULARI

Partidista. Que manifesta una adhesió cega a una tendència.

ACTIVITATS

6.20. Llegeix aquest fragment del Catecisme de l'Església catòlica (núm. 1849) i digues com el pecat afecta la persona: *«El pecat és una falta contra la raó, la veritat i la consciència recta; és un mancament a l'amor veritable, envers Déu i envers el proïsme, a causa d'una adhesió perversa a certs béns. Fereix la naturalesa de l'home i atempta contra la solidaritat humana.»*

RECORDA

L'Església ensenya que el **pecat** és una manca d'amor envers Déu i els altres.

3.4. Déu no s'oblida de la persona

Per al creient, el pecat no és una simple transgressió* d'una llei, ni un descuit fatal, ni un sentiment de culpabilitat. El **pecat** és una separació radical de l'home vers Déu, font de vida.

La conseqüència més directa del pecat és la pèrdua de la **felicitat**. Però Déu sempre manté la voluntat de reconciliació amb l'ésser humà. Per això, a través de la història del poble d'Israel, Déu prepara la vinguda de Jesucrist, a través del qual el projecte de Déu no es veurà trencat.

El **pecat** porta la persona, a causa de la seva **infidelitat**, a viure allunyada de Déu. Amb Jesús, una altra humanitat és i serà possible: una humanitat d'amor.

Déu és presentat per Jesús sobretot com un **Déu amor**. No és un Déu llunyà que contempla amb indiferència la història de la humanitat, les seves lluites i els seus dolors.

Déu es fa solidari amb la humanitat, fins al punt de fer-se home i patir també tots els mals que afecten els homes i compartir també totes les seves alegries.

A Déu, ningú no l'ha vist mai, però Déu **s'ha revelat o manifestat** als homes al llarg de la història: «*En moltes ocasions i de moltes maneres, Déu antigament havia parlat als pares per boca dels profetes; però ara, en aquests dies, que són els definitius, ens ha parlat a nosaltres en la persona del Fill [Jesucrist].*» (He 1,1-2)

Jesús s'atreveix a afirmar la seva **filiació divina***, reconeixent en ell mateix la manifestació de Déu als homes: «*—Els qui creuen en mi, més que creure en mi, creuen en el qui m'ha enviat. [...] el Pare mateix que m'ha enviat, m'ha manat què havia de dir i de predicar. I sé que el seu manament és vida eterna. Per això, tot el que jo dic, ho dic tal com el Pare m'ho ha comunicat.*» (Jn 12,44.49-50)

RECORDA

Jesús de Natzaret ve al món a **salvar-nos del pecat** i de les seves conseqüències.

El pecat és el trencament voluntari de l'home amb Déu.

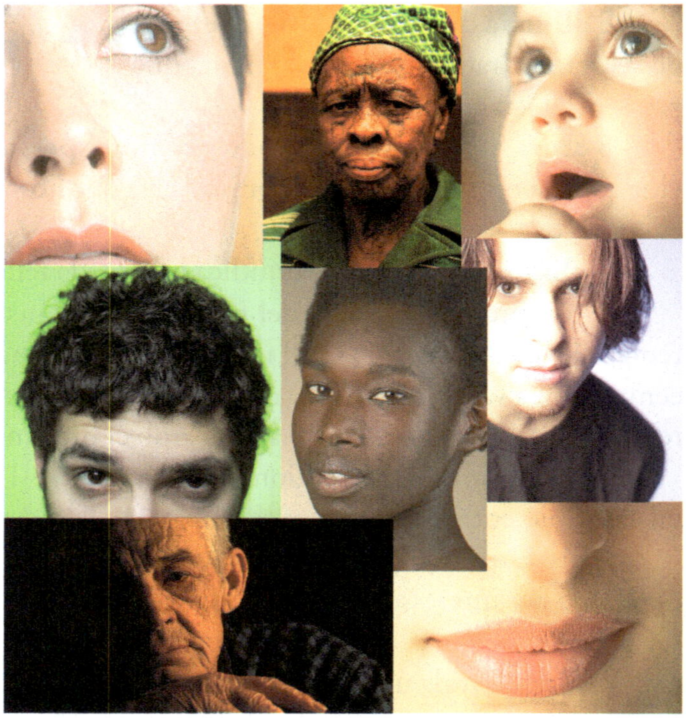

Déu ha parlat a l'home a través de Jesús de Natzaret.

VOCABULARI

Transgressió. Acció que implica desobeir una ordre, un precepte, etc.

Filiació divina. Lligam de parentiu que uneix Jesús (fill) a Déu (pare).

A través del missatge de Jesús el creient és convidat a obrir el seu cor a Déu. Amb la seva vinguda, Jesús compleix la voluntat de Déu i ens acosta al seu coneixement:

– És un **Pare que estima i perdona**: paràbola del fill pròdig* (Lc 15,11-24).

– És un **Déu que busca la persona cada cop que aquesta s'allunya d'Ell**: paràbola de l'ovella perduda i paràbola de la moneda perduda (Lc 15,1-10).

– És un **Déu que estima, però que és exigent**: paràbola dels talents* (Mt 25,14-30).

– És el **creador, que es deixa trobar** si la persona el busca (Lc 11,9-11).

Jesús revela que Déu no és, ni pot ser, la causa del pecat ni del mal al món. Quan la persona pren una opció que està malament, manifesta un allunyament de Déu i un refús d'assumir la seva realitat d'ésser creat a imatge seva.

Déu es dóna a conèixer com a Pare bo.

VOCABULARI

Fill pròdig. Personatge d'una paràbola dels evangelis, que ha passat a indicar tot aquell que després d'un quant temps de mala vida o de desviament doctrinal, torna, penedit, al recte camí, a la institució o persona que havia abandonat.

Talent. Unitat monetària.

«Pau, dret al mig de l'Areòpag, va parlar així:
—Atenesos, veig que en tot sou molt religiosos, perquè, recorrent la ciutat i contemplant els vostres llocs sagrats, fins i tot he trobat un altar que porta aquesta inscripció: "Al déu desconegut". Doncs bé, el que vosaltres adoreu sense conèixer és el que jo us anuncio. El Déu que ha fet el món i tot el que s'hi mou, Senyor com és de cel i terra, no habita en temples construïts per mans d'home ni té necessitat de cap servei dels homes, ell que a tots dóna vida, alè i tota cosa. Ell va crear d'un sol home tota la raça humana perquè habités arreu de la terra. [...] De fet, potser podrien acostar-s'hi a les palpentes i trobar-lo, perquè ell no és lluny de ningú de nosaltres, ja que "en ell vivim, ens movem i som". [...] Ara bé, si som del llinatge de Déu, no hem de pensar que la divinitat sigui semblant a imatges d'or, de plata o de pedra, treballades per l'art i el talent dels homes. [...] Ell ja té assenyalat el dia que ha de jutjar el món amb justícia per mitjà d'un home que ell mateix ha designat, i n'ha donat a tothom una prova ressuscitant-lo d'entre els morts.»

FETS DELS APÒSTOLS 17,22-31

ACTIVITATS

6.21. Llegeix amb atenció el relat Ac 17,22-31, en què Pau anuncia la manifestació de Déu per mitjà de Jesucrist. Fixa't en el que s'afirma sobre el coneixement que els homes poden tenir de Déu i assenyala les quatre afirmacions que Pau fa sobre Déu.

RECORDA

La **bona notícia** de Jesucrist recupera, de manera definitiva, el projecte de vida i de felicitat plena de Déu, per a la humanitat, enfront del pecat i del mal.

4. Des de la teva experiència...

Al llarg de la teva vida ja has tingut moltes experiències: il·lusions i dubtes, sentiments que t'omplen el cor, preguntes i pensaments, que formen part de la teva existència.

Moltes vegades et deus haver trobat en situacions en les quals no saps ben bé si allò que estàs fent està bé o malament. Són moments en què la consciència formula a cadascú preguntes i planteja **interrogants** difícils de discernir, sobretot perquè a la teva edat encara notes que et falta una certa experiència que t'ajudi a triar.

Amb el text següent, una carta dirigida a Déu, et volem convidar a compartir amb altres companys aquestes inquietuds i et volem ajudar en la teva reflexió personal:

Benvolgut Déu...

Benvolgut Déu,

Sóc un alumne de 1r d'ESO. T'escric perquè em trobo en un bon embolic. A casa i, de vegades, a l'escola, sembla que els grans siguin els únics que saben què haig de fer i com ho haig de fer. «Noi, no facis això!», «Noi, fes allò!», «Els nens callen!», «Nen, no molestis!»..., em diuen sovint.

«Seria magnífic si els nens no creixessin», pensen alguns adults. És com si, per a nosaltres, hi hagués molts deures i pocs drets. Quan em deixaran ser persona, pensar, decidir per mi mateix? Qui té raó? Deixa'm parlar-te i després digues qui té raó. Els grans em diuen que no s'ha de mentir; però quan se m'escapa una veritat es posen enfurismats. Em renyen i em diuen que no està bé que vagi amb «certs companys»; però m'expliquen que Déu és un Pare bo, per al qual tots som iguals i germans, i que cal pregar-li i estimar-lo.

Em diuen que sóc massa petit per pensar, opinar, portar la contrària; que això és cosa d'adults! Però jo sé pensar, tinc els meus gustos, que són diferents, per exemple, dels gustos dels meus pares; també, de vegades, tinc ganes de cridar i de protestar, per exemple, quan el meu pare em mana que calli, o quan m'obliga a anar a jugar a la meva habitació perquè ell vol veure en pau la televisió. I si jo no en tinc ganes, a sobre em diuen capritxós i antipàtic.

Recordo que un dia els teus pares et van renyar perquè et vas perdre. I tu els vas dir que també tenies una vida pròpia, que no eres només d'ells. Per què no els dius que ser infant no és un defecte, ni una limitació, ni una joguina bonica per als grans? Som més aviat un valor únic, irrepetible, amb capacitat de pensar, raonar i estimar. Almenys tu, Senyor, oi que no em diràs que calli?

Un fill teu

ACTIVITATS

6.22. Creus que el noi de la carta viu en llibertat? I tu, pots fer el que vulguis? Per què? Concreta amb alguns exemples els límits de la teva llibertat.

6.23. Creus que el noi de la carta té capacitat per escollir el que és bo o dolent? Per què? Creus que estàs capacitat per escollir sol el millor per a tu? Concreta en quins casos ho estàs i en quins no.

5. Una proposta per a tu

Allò que fa que la persona visqui com a autèntica imatge de Déu és la seva capacitat per estimar i actuar amb entera i vertadera llibertat. És així que es pot entendre i construir la vida, no com a mera casualitat o risc, sinó com a autèntica i conscient **vocació*** o **crida de Déu** a ser persona.

Tota persona està cridada a trobar el seu lloc i la seva identitat* particular en aquest món, que és on, segons els cristians, es duu a terme el projecte de Déu per a cadascú.

Tota persona està cridada a descobrir la seva vocació.

Aquest **projecte** comporta: **preguntar-se** i descobrir el sentit de la vida, **sentir-se cridat** a realitzar-se en el món i **donar resposta** a aquests interrogants.

5.1. La vocació humana

Viure la vocació en solitud no és possible. Les persones no són éssers aïllats, sinó que viuen en una societat i es relacionen les unes amb les altres per diversos vincles: família, escola, amics, feina, cultura, societat... per poder créixer i donar sentit a la vida.

La vocació humana defineix una manera de ser i de viure.

Cada persona és en aquest món per a una missió concreta i personal. Les persones que estimes i t'estimen, els amics que esculls, les activitats que fas en el temps de lleure, la manera com afrontes els teus estudis i els estudis que voldràs fer, la teva futura professió... són les opcions que vas prenent per portar a terme la teva missió, les quals t'ajuden a anar avançant en el descobriment del sentit que vols donar a la teva vida.

La **vocació** designa l'elecció d'un projecte de persona, una opció que defineix tota la vida de la persona i manifesta una manera concreta de ser i de viure.

RECORDA

Descobrir la **vocació humana** vol dir trobar el veritable sentit de la vida des de la dimensió personal, comunitària, social i transcendent.

VOCABULARI

Vocació. Inclinació que porta l'home a triar entre els diversos estats de vida que se li presenten (el religiós o el laic, el matrimoni o el celibat, etc.).

Identitat. Qualitat d'ésser una persona ella mateixa; propietat de l'individu humà de mantenir constantment la pròpia personalitat.

5.2. Viure en cristià la vocació humana

Per als creients, la **vocació cristiana** consisteix a descobrir i acceptar els plans de Déu envers la persona, els pobles i la història. Així, per al cristià, la fe fonamenta la pròpia vocació humana, la il·lumina i li dóna sentit. És d'aquesta manera que el cristià sent Déu proper i company de camí.

Dins de l'àmbit cristià, podem distingir el que s'anomenen **vocacions específiques**:

– La vida **laïcal***: opció a viure l'evangeli enmig del món des del propi àmbit familiar i professional.

– La vida **religiosa**: opció a viure l'evangeli enmig del món des d'una espiritualitat concreta i des d'un àmbit de vida en comunitat.

– El **sacerdoci**: opció a viure l'evangeli enmig del món des del servei a la comunitat cristiana.

La vocació religiosa és una vocació específica dins l'àmbit cristià.

RECORDA

Viure en cristià la vocació humana és fonamentar la vida des d'una opció per l'evangeli de Jesús.

5.3. Per a tu...

Estàs cridat a créixer en la veritat i la bondat, a donar sentit a la teva vida, a ser responsable dels teus actes i a respondre'n, encara que de vegades tinguis la sensació que la teva llibertat estigui condicionada*.

Per això en aquest curs t'hem ofert la possibilitat de conèixer un **projecte de ser persona**, d'obrir-te a la recerca del transcendent, de Déu, de descobrir el projecte de vida que proposa Jesús de Natzaret per a cada persona i d'aprofundir-hi. T'hem aportat pistes, experiències i t'hem proposat camins. Ara, només tu pots triar. De ben segur que t'adonaràs que l'aventura val la pena.

VOCABULARI

Laïcal. Estat propi dels laics, dels que no són eclesiàstics.

Condicionat. Sotmès a unes determinacions o normes.

ACTIVITATS

6.24. A partir del tema de la vocació (ser allò que estem cridats a ser), fes aquestes activitats:

a) Completa: Jo sóc…, jo puc…, jo seré…, jo no sóc…, jo no vull ser…

b) Imagina't que ets una persona gran i has d'explicar a un noi o noia el tema de la vocació a ser persona. Com ho faries?

c) Explica algun somni que hagis tingut i que s'hagi fet realitat. Com ho has aconseguit?

d) Coincideix el que vols per al teu futur amb el que pensen de tu els teus pares, els teus mestres…?

Un pas més

«Diuen que un jove va preguntar a un mestre espiritual: *¿Com puc saber que Déu és necessari, essencial a la meva vida?* L'home espiritual li va respondre: *¿Vols saber de debò si Déu és important per a les nostres vides?* El jove va assentir. El mestre espiritual li va dir: *Apropa't.* Li va agafar el cap amb totes dues mans i el va submergir en un gran recipient ple d'aigua i el va tenir així una estona. Llavors el jove es va adonar que li faltava l'aire per respirar. Va començar a forcejar per alliberar-se de les mans que el mantenien en aquell medi asfixiant i torturador. Un cop se n'alliberà, el mestre espiritual li va dir: *Quan Déu et sigui tan necessari com l'aire que et feia falta per poder respirar, llavors t'adonaràs de la importància, de la necessitat de Déu per a la teva vida.»*

JOSEP M. ALIMBAU
Paraules per a moments difícils
Ediciones STJ

Jesucrist, quan els seus deixebles li demanaren que els ensenyés a relacionar-se amb Déu, els va ensenyar la pregària del parenostre que trobem en l'evangeli de Mateu. És la pregària principal dels cristians a tot el món.

«Pare nostre que esteu en el cel,
sigui santificat el vostre nom,
vingui a nosaltres el vostre Regne,
faci's la vostra voluntat,
així a la terra com es fa en el cel.
El nostre pa de cada dia
doneu-nos, Senyor,
el dia d'avui
i perdoneu les nostres culpes,
així com nosaltres perdonem
els nostres deutors,
i no permeteu que nosaltres caiguem
en la temptació.
Ans deslliureu-nos de qualsevol mal.»

Et presentem, a continuació, una composició anònima, inspirada en el parenostre. Ara és Déu qui s'adreça al creient.

«Fill meu que ets a la Terra preocupat, confós,
desorientat, solitari, trist, angoixat...
Jo conec perfectament el teu nom,
i el pronuncio i el beneeixo perquè t'estimo.
No! No estàs sol, perquè jo visc en tu.
Junts construirem aquest Regne,
del qual seràs el meu hereu.
Desitjo que sempre facis la meva voluntat,
perquè la meva voluntat és que tu siguis feliç.
Ja saps que comptes sempre amb mi,
perquè mai no t'abandonaré;
i que tindràs el pa per a avui.
Només et demano que el comparteixis
amb el teu proïsme... amb els teus germans.
Ja saps que sempre perdono totes les teves
ofenses abans, fins i tot, que les hagis comès,
encara que jo sàpiga que les faràs.
Et demano, doncs, que facis tu el mateix
amb aquells que et fan mal.
Desitjo que no caiguis mai en la temptació.
Per això, agafa't fort de la meva mà i,
aferrat sempre a mi, et lliuraré del mal.
Recorda i no oblidis mai que t'estimo
des del començament dels teus dies
i que t'estimaré fins a la fi dels teus dies...
Sí, jo t'estimaré sempre, perquè sóc el teu Pare!
Jo sóc l'amor i la pau! Amén.»

Sí, el cristià descobreix i creu que Déu és necessari per a tothom. La seva presència, però, es fa més necessària i urgent al nostre món, dominat per la indiferència, la intolerància i la manca de respecte; un món que necessita persones que l'ajudin a descobrir Déu, que és com l'aire que necessitem per respirar.

Síntesi de la unitat

- El **llenguatge humà** és un mitjà a través del qual les persones poden parlar de Déu i sobre Déu. Però el llenguatge humà és limitat i, conseqüentment, la resposta que es doni sobre Déu també.
- La finalitat de l'ésser humà és la **realització personal**: créixer i enriquir-se com a persona dins d'un entorn social.
- Déu intervé i es fa present en la història del poble d'Israel. (**Revelació**)
- Déu s'ha fet home en Jesús de Natzaret. (**Encarnació**)
- Déu continua present i segueix actuant a través de l'Esperit Sant. (**Manifestació**)
- El cristià està cridat a viure l'**estimació** vers els altres a semblança de Déu, que es presenta al costat de tota persona com:
  - – Un Déu **entranyable** i **misericordiós**.
  - – Un Déu que **estima gratuïtament**.
  - – Un Déu **atent, proper** i **digne de confiança**.
  - – Un Déu que **perdona**, **fidel** i **pacient**, que vol que les persones siguin **felices**.
- La persona gaudeix d'aquests dons:
  - – El do de la **vida**, que implica respectar-ne la pròpia i la dels altres.
  - – El do de la **llibertat**, que li permet prendre les pròpies decisions.
  - – El do de la **intel·ligència**, que li permet transformar i enriquir la creació de Déu.
  - – El do de la capacitat d'**estimar**, que la fa continuadora de l'amor de Déu.
- La persona, des dels seus orígens, està orientada al **bé**.
- El **mal** és una realitat present al nostre món.
- El **pecat dels orígens** és el trencament de la humanitat amb Déu.
- Tot acte voluntari i conscient de trencar la relació amb Déu i amb els altres, d'atemptar contra la vida pròpia o d'altri, de destruir el projecte de Déu per a la humanitat..., el cristià l'anomena **pecat**.
- L'Església ensenya que el **pecat** és una manca d'amor envers Déu i els altres.
- Jesús de Natzaret ve al món a **salvar del pecat** i de les seves conseqüències.
- La **bona notícia** de Jesucrist recupera, de manera definitiva, el projecte de vida i de felicitat plena de Déu, per a la humanitat, enfront del pecat i del mal.
- Descobrir la **vocació humana** vol dir trobar el veritable sentit de la vida des de la dimensió personal, comunitària, social i transcendent.
- **Viure en cristià** la vocació humana és fonamentar la vida des d'una opció per l'evangeli de Jesús.

Activitats de síntesi

6.1. Torna a llegir el relat *Els dos rems*. Creus que una confiança fonamentada en els altres i en Déu pot beneficiar la persona? Per què?

6.2. Torna a llegir el relat *Petjades a la sorra*. Hi ha algú en la teva vida que identifiquis com aquella persona que et porta en braços? Qui és? De quina manera ho fa?

6.3. Amb quin dels dos relats et sents més identificat/ada? Per què?

6.4. Escriu en cada columna cinc coses importants que penses que has de fer a la vida. Trobes alguna relació entre les dues columnes?

	Actualment	Quan siguis gran
1		
2		
3		
4		
5		

6.5. «Tota resposta que es doni sobre Déu sempre serà finita i no completa.» Explica amb les teves paraules el significat d'aquesta frase que hi ha en la pàgina 110 d'aquesta unitat.

6.6. En la pàgina 112 d'aquesta unitat es parla de les maneres mitjançant les quals Déu s'ha volgut fer present i s'ha donat a conèixer al llarg de la història. Escriu-les i busca alguna referència en la Bíblia que les exemplifiqui.

6.7. Redacta una definició del terme *pecat*, tenint en compte el sentit cristià.

6.8. Busca en el diari deu notícies sobre fets provocats per l'home que generen un mal a les persones (pecat): cinc en l'àmbit individual (de persona a persona) i cinc en l'àmbit social. Fes una valoració de cada grup de notícies.

6.9. Elabora un resum que expliqui el tema de la vocació que has treballat. Ha d'anar del concepte més general a la situació més específica.

6.10. Tria una de les tres vocacions específiques cristianes que s'enumeren en la unitat, descriu-la breument i digues a qui va adreçada i quin és el camp d'actuació preferent.

6.11. Explica raonadament si estàs d'acord amb el que es diu en el text titulat *Paraules per a moments difícils*, de l'apartat «Un pas més», que ens parla de la necessitat de Déu per a la vida.

Aquest llibre correspon al primer curs d'Educació Secundària Obligatòria, matèria de Religió catòlica, i ha estat elaborat d'acord amb l'ordenació curricular vigent.

Coordinació tècnica: Marcel Planas
Edició: Montse Ballaró
Disseny de la coberta: Esther Lecina
Disseny d'interiors: Mariona Ribó
Maquetació: Advanced Creativity

Fotografia de la coberta: Corbis / Cover
Fotografies: AGE-Fotostock, Aisa, Album / akg-images, J. M. Barres, E. Blasco, Càritas (cortesia), F. Closa, Corbis / Cover, Cordon Press, Efe, Firo-Foto, Getty Images, Godo Foto, HighRes Press Stock, Index, J. Trueba - Madrid Scientific Films S.L., J. Núñez, Obac, Panos, Prisma, L. Sogas, Á. de Leiva / J. Martín / Arxiu Anaya.

Rosa Sensat, 9-11, 4a planta. 08005 Barcelona
Telèfon 932 172 054. Fax 932 373 469
barcanova@barcanova.cat / www.barcanova.cat
Tercera edició: setembre de 2009
Cinquena impressió: agost de 2018
DL B. 31201-2009
ISBN: 978-84-489-2125-5
Printed in Spain

Adaptació del llibre per a alumnes cecs o amb baixa visió

Editorial Barcanova i l'ONCE mantenen un acord de col·laboració mitjançant el qual els centres educatius que tinguin alumnes cecs o amb problemàtiques severes de baixa visió poden posar-se en contacte amb el *Centre de Recursos Educatius ONCE de Barcelona* per a l'adaptació d'aquest llibre.
Per contactar amb el CRE de l'ONCE podeu fer-ho per telèfon o bé per correu electrònic.
Telèfon: 932 381 111 Correu electrònic: *crebarcelona@once.es*